이 책은 마치 재미있는 이야기를 듣고 있는 듯한 착각에 빠지게 한다. 시간 가는 줄 모르고 읽다 보면 영어의 사고방식과 인지원리에 푹 빠져들게 된다. 영어의 구조가 모두 9개뿐임을 밝히며 이를 알기 쉽게 이미지로 설명하고 있는 저자의 리듬을 따라가다 보면, 어느 순간 "어떻게 영어를 틀리지?" "영어는 틀리는 게 기적이다"라는 말이 절로 나온다. 아무리 해도 안 돼서 영어를 포기하려는 학생들에게 이 책을 꼭 권한다.

인천교육청 학생교육문화회관 운영부장
(전 부개고등학교 교장) | **김경훈**

왜 영어를 10년 동안 공부해야 했는가? 10년 동안이나 공부했는데도 왜 여전히 영어가 낯설고 어렵게만 느껴지는가? 영어를 포함해 외국어를 공부한다는 것은 그리 쉬운 일이 아니기 때문이다. 그래서 많은 사람들이 영어 학습법에 관한 여러 가지 책을 펴냈다. 그중 이 책이 영어를 가장 쉽게 설명하고 있다고 확신한다. 저자는 9가지 구조로 영어를 마스터할 획기적인 방법을 소개한다. 빠른 시간 안에 영문법을 완성하여 그동안 영어 공부하느라 잃어버렸던 시간들을 되찾게 될 것이다.

한국교육자선교회 부산지방회 사무국장
(전 양운초등학교 교장) | **황순분**

한글은 토씨언어고 영어는 구조언어다. 그래서 우리나라 사람들에게는 영어의 구조가 복잡해 보일 수밖에 없다. 그런데 저자는 복잡해 보이는 영어의 구조를 모두 9가지로 정리하여 구문도해를 통해 간단명료하게 설명해 준다. 그리고 말씀으로 천지를 창조하신 후 언어를 주셔서 세상과 소통하시는 하나님의 언어 방식을 책 전반에 걸쳐 소개한다. 성경을 영어로 자유자재로 읽고 보다 깊이 있게 묵상하기를 원하는 이들에게 이 책을 추천한다. 특히 평생 동안 언어와 씨름해야 할 신학생들과 목회자들에게 필독을 권한다.

아태아(ATEA)대학원 총장
(전 총신대학교 총장 및 백석대학교 부총장) | **김의원**

어떻게 영어를 틀리지?

영어의 **구조**와 **구문도해 완성**

홍승수 지음

한국문화사

어떻게 영어를 틀리지?

영어의 구조와 구문도해 완성

1판 1쇄　2020년 8월 21일
1판 2쇄　2021년 2월 22일

지 은 이 | 홍승수
펴 낸 이 | 김진수
펴 낸 곳 | 한국문화사
등　　록 | 제1994-9호
주　　소 | 서울특별시 성동구 아차산로49, 404호(성수동 1가, 서울숲코오롱디지털타워3차)
전　　화 | 02-464-7708
팩　　스 | 02-499-0846
이 메 일 | hkm7708@hanmail.net
홈페이지 | http://hph.co.kr

ISBN 978-89-6817-917-4　13740

· 이 도서의 국립중앙도서관 출판예정도서목록(CIP)은 서지정보유통지원시스템 홈페이지
  (http://seoji.nl.go.kr)와 국가자료공동목록시스템(http://www.nl.go.kr/kolisnet)
  에서 이용하실 수 있습니다(CIP제어번호: CIP2020034034).

Thanks to

학창시절 영어의 추억을 선물해주신
성문종합영어의 송성문님과 영어구문론의 류진님께 감사드린다.
구문도해의 깊이를 맛보게 해주신
우리말분석영어의 박기엽님께 감사드린다.
영어공부의 혁명을 제시해주신 상황영어의 김준기님과
상황영어를 가르쳐주신 연규홍님께 감사드린다.
목회와 인생의 본보기가 되어주신 Dr. C. Daniel Kim님께 감사드린다.
그리고 매일 매일 영원한 동역자가 되어주시는 Victoria님께 감사드린다.

셰종어졩훈민졍음
나랏말ᄊᆞ미듕귁에달아
문ᄍᆞ와로서르ᄉᆞᄆᆞᆺ디아니
ᄒᆞᆯᄊᆡ이런젼ᄎᆞ로어린빅
셩이니르고졒홇빼이셔도
ᄆᆞᄎᆞᆷ내제ᄠᅳ들시러펴디몯
홇노미하니라내이ᄅᆞᆯ윙ᄒᆞ
야어엿비너겨새로스믈여
듧ᄍᆞ를밍ᄀᆞ노니사ᄅᆞᆷ마다
ᄒᆡᅇᅧ수ᄫᅵ니겨날로ᄡᅮ메뼌
ᅙᅡᆫ킈ᄒᆞ고졒ᄒᆞᇙᄯᆞᄅᆞ미니라

세종대왕의 훈민정음 언해본 서문이다. 마지막 문장이 가슴을 울린다.

"사람마다 하여금 쉽게 익혀 매일 씀에 편안하게 하고자 할 따름이다."

영어가 세계 공용어가 된 이유는 쉽기 때문이다. 영어는 누구나 쉽게 배울 수 있고 편안하게 사용할 수 있는 언어다. 그런데 우리나라에서는 그렇지 못하다. 잘못된 학습 통로로 들어가서 그렇다. 이제라도 제대로 된 통로로 들어가 볼 것을 권하며 본 서를 펴낸다.

중학교부터 대학교까지 10년 동안 영어를 공부해 보았지만 달력 넘기는 시간인 크로노스(χρόνος)의 시간에 갇혀 밑 빠진 독에 물 붓기였던 분, 나름대로 영어를 잘 해보려고 노력해 보았지만 줄곧 좌절을 맛보아야만 했던 분에게 자신 있게 이 책을 권한다.

최고의 선물은 시간이라고 한다. 본서를 통해 당신에게 시간을 선물한다. 첫 페이지를 넘기는 순간 잃어버렸던 지난 10년의 세월을 반드시 되찾을 것이다. 말씀으로 세상천지를 창조하신 하나님의 시간인 카이로스(καιρος)가 사이사이에 숨어있기 때문이다. 이 책을 읽는 내내 하나님께서 당신의 백성들에게 주신 진짜 시간의 흐름을 경험할 것이다.

이 책은 국내 영어교재의 최고봉인 송성문의 성문종합영어, 류진의 영어구문론, 박기엽의 우리말분석영어, 그리고 김준기의 상황영어를 집대성하여 영어의 구조와 구문을 중심으로 영문법을 역추적한다. 이로써 가장 빠른 시간 안에 영문법을 완성하는 기적을 체험할 것이다.

이 책을 다 읽고 나면 영어를 더 이상 틀릴 수 없을 것이다. 어떻게 영어를 틀릴 수 있단 말인가? 영어는 틀리는 게 기적이다. 영어는 그저 의사소통 수단 중 하나에 불과하다. 누구나 쉽게 익혀 매일 편안하게 사용함이 마땅하다.

영어 공부하느라 지친 모든 분을 위로하며!

2020년 4월 장말로에서
홍승수

|목차|

머리말 │ iv

목차 │ vi

제01장. 영어는 <u>1그룹</u>과 (2그룹)으로만 구성 ⸺⸺⸺ 01

제02장. <u>1그룹</u>에서 동사는 '하다'와 '이다' 두 개뿐 ⸺⸺ 11

제03장. 영어의 꽃은 (2그룹) ⸺⸺⸺⸺⸺ 24

제04장. 전치사는 모두 주관적 ⸺⸺⸺⸺⸺ 40

제05장. 형용사는 명사바라기 ⸺⸺⸺⸺⸺ 54

제06장. 부사는 동사바라기 ⸺⸺⸺⸺⸺ 65

제07장. 따라잡자! 구조 중심 사고방식 ⸺⸺⸺ 81

제08장. 성공 드라마: '9개 구조로 영어 정복' ⸺⸺ 104

제09장. Warming-Up! 구문도해 ⸺⸺⸺⸺ 115

제10장. 4종 명사 구문도해 연습 ⸺⸺⸺⸺ 132

제11장. 2종 형용사 구문도해 연습 ⸺⸺⸺⸺ 148

제12장. 3종 부사 구문도해 연습 ⸺⸺⸺⸺ 159

제13장. 영작은 식은 죽 먹기 ⸺⸺⸺⸺⸺ 169

참고 문헌 │ 185

이미지 출처 │ 186

제01장

영어는 <u>1그룹</u>과 (2그룹)으로만 구성

In the first year of Cyrus king of Persia, in order to fulfill the word of the LORD spoken by Jeremiah, the LORD moved the heart of Cyrus king of Persia to make a proclamation throughout his realm and to put it in writing.

위 영문을 읽어보자. 구약성경 에스라 1장 1절의 말씀이다. 짧지 않은 문장이다. 바로 이해가 되는가? 아니면 두세 번 반복해서 읽었는데도 내용이 머리에 잘 남아 있지 않는 가? 후자의 경우 일지라도 좌절할 필요가 없다. 지금부터 이 책을 끝까지 읽는다면, 위 문장 정도는 누워서 떡 먹기가 될 것이다.

In the first year of Cyrus king of Persia, in order to fulfill the word of the LORD spoken by Jeremiah, *the LORD moved the heart* of Cyrus king of Persia to make a proclamation throughout his realm and to put it in writing.

위 영문 중 일부를 이탤릭체로 구분해보았다. 처음부터 이렇게 나뉘어 보이지 않았다 면 분명 두세 번 읽고도 잘 이해하지 못했을 것이다. 이탤릭체 부분을 '1그룹'이라 하고, 나머지 부분을 '2그룹'이라 한다.

영국과 미국 사람들은 언어의 재료를 정확히 두 그룹으로 나눠서 의사소통 하려는 사 고방식을 갖고 있다. 1그룹은 대화를 주도하고, 2그룹은 대화를 도와준다. 다 그런 것은 아니지만, 대부분 1그룹은 짧고 2그룹은 길다. 즉, 문장이 길다 싶으면 주로 2그룹이 길 어졌기 때문이다. 위 영문에서도 1그룹은 짧고 2그룹은 길다. 김준기는 상황영어(제1권 인지원리)에서 1그룹과 2그룹이 나뉘는 원리와 2그룹이 1그룹을 돕는 원리를 설명하며 이를 '영어의 인지원리'라 말한다.

상황영어의 저자 김준기가 개발한 천재성이 농후한 아래 도식[1]을 유심히 살펴보자. 이 그림 안에 영어의 모든 것이 들어 있다.

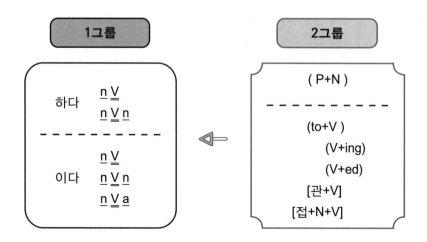

영어의 인지원리에 관한 도식이다. 이것이 곧 영어의 구조다. 영어를 잘 하고 싶으면 위 그림을 집중해서 보아야 한다. 이렇게만 하면 영어는 틀릴 수가 없다. 아니, 영어를 틀리는 것이야 말로 기적이 될 것이다.

위 도식은 차후에 자세히 설명할 것이다. 그러니 지금 머리에 사진을 잘 찍어두기 바란다.

우선 간략히 설명하자면 ①1그룹에서 '하다'와 '이다'를 구분하여 **동사**를 적는다. 동사를 중심으로 왼쪽에 **명사**를 적고, 오른쪽에 **명사**나 **형용사**를 적는다. ②2그룹에서 명사로 도우면 그 명사 앞에 연결어(풀이나 본드)인 전치사를 사용해 '전치사구(P+N)'를 만들어 붙인다. 동사로 도우면 그 동사 앞이나 뒤에 반드시 연결어(풀이나 본드)를 사용해 '동사구⟨(to+V) / (V+ing) / (V+ed)⟩'나 '동사절 〈[관계대명사+V] / [접속사+N+V]⟩'을 만들어 붙이면 끝난다.

이게 바로 영어다. 이러한 인지 과정을 거친 사고 방식이 머리 속에 자리 잡혀야 영어를 잘할 수 있다. 이러한 방식을 이해하기 위해 몇 가지 규칙을 다음과 같이 정해 본다.

---

1   김준기, 『상황영어』(서울: 상황영어연구원, 2003), p. 52.

- 구분을 위해 1그룹은 이탤릭체, 2그룹은 초록색으로 표시한다.
- 1그룹에는 밑줄을 긋고, 2그룹에는 괄호를 친다.
- 즉, '＿'은 1그룹을 표시하고 '( )'는 2그룹을 표시한다.
- 보통 1그룹이 먼저 나오고, 그 다음 (2그룹)이 나중에 나온다.
- 1그룹에서 동사(V)에는 두 줄을 긋고 동사 왼쪽의 명사(n), 동사 오른쪽의 명사(n) 또는 형용사(a)에는 각각 한 줄을 긋는다.[2]
- 나머지는 모두 2그룹이다.
- 2그룹

  (P + N)[3]   전치사구

  (to + V)[4] / (V + ing)[5] / (V + ed)[6]   동사구

  [관계대명사 + V][7] / [접속사 + N + V][8]   동사절

이제 실제 영어 문장 속에서 1그룹과 2그룹이 어떻게 나누어 지는지 살펴 보겠다.

> *Peter walked* (on the water).
>
> *God created the world* (by the word) (in the beginning).
>
> *Darkness was* (over the surface).
>
> *The LORD is our shepherd* (leading us) (to the door).
>
> *The earth was empty* (in the beginning).

위의 영문들에서 이탤릭체는 1그룹 재료를 표시하고 초록색은 2그룹 재료를 표시한다. 이탤릭체의 1그룹 재료들에는 밑줄을 그었고, 초록색의 2그룹 재료들에는 괄호를 쳤

---

2 V는 동사(Verb), N은 명사(Noun), A는 형용사(Adjective)의 약어다.

3 P는 전치사(Preposition)의 약어다. 'P+N'을 '전치사구'라 한다.

4 동사 앞에 'to'를 붙여 To부정사를 이끈다. 이를 'To부정사구'라 한다.

5 동사 뒤에 '~ing'를 붙여 현재분사를 이끈다. 이를 '현재분사구'라 한다.

6 동사 뒤에 '~ed'를 붙여 과거분사를 이끈다. 이를 '과거분사구'라 한다.

7 관계사절(관계대명사+동사)을 의미한다. 관계대명사에는 색을 칠해 구분한다.

8 접속사절(접속사+명사+동사)을 의미한다. 접속사에는 색을 칠해 구분한다.

다. 참고로 2그룹은 도치되어 앞으로 튀어 나올 수도 있고, 사용되지 않을 수도 있다.

1그룹에서 본동사들(walked, created, was, is, was)에는 두 줄을 그었다. 그리고 본동사의 왼쪽에 있는 명사들(Peter, God, Darkness, The LORD, The earth)에는 한 줄씩 그었다. 이어서 본동사 오른쪽에 명사 또는 형용사들(the world, our shepherd, empty)에도 한 줄씩 그었다.

나머지 초록색은 2그룹 재료들이다. 2그룹 재료가 명사면 무조건 그 앞에 전치사를 붙여야 한다. 무조건! 그리고 '(전치사+명사)'같이 괄호를 사용해 구분한다. 위 영문들의 (on the water), (in the beginning), (to the door), (over the surface) 처럼 하면 된다.

다음 영문들을 1그룹과 2그룹으로 나누고, 1그룹에는 밑줄을 긋고 2그룹에는 괄호를 쳐보자. 1그룹에 밑줄을 칠 때 동사에 먼저 두 줄을 긋고 동사 앞뒤에 나오는 명사 또는 형용사에는 한 줄을 그으면 된다.

① A pretty girl lived in a small village without friends after the war.

② The old man lived a happy life on his farm with his sons before the war.

③ This symphony is music about the peaceful life of farmers.

④ Australia is famous for its varieties of landscapes.

⑤ Love is a weapon to open the hearts of people.

⑥ This fish is good to eat.

⑦ The dog running along the beach stopped suddenly.

⑧ The kingdom of heaven is like treasure hidden in a field.

⑨ I have many friends who believe in me.

⑩ I'm a success today because I had many friends.

다음과 같이 구분이 되었는지 확인해보자.

① *A pretty girl lived* (in a small village) (without friends) (after the war).

② *The old man lived a happy life* (on his farm) (with his sons) (before the war).

③ *This symphony is music* (about the peaceful life) (of farmers).

④ *Australia is famous* (for its varieties) (of landscapes).

⑤ *Love is a weapon* (to open the hearts) (of people).

⑥ *This fish is good* (to eat).

⑦ *The dog* (running) (along the beach) *stopped* (suddenly).

⑧ *The kingdom* (of heaven) *is* *(like treasure)* (hidden) (in a field).

⑨ *I have many friends* [who believe (in me)].

⑩ *I'm a success* (today) [because I had many friends].

참고로 7번의 'suddenly'같은 단독 부사는 1그룹에 소속되어 동사를 수식하는 언어재료로 사용되지만, 분석 할 때는 2그룹 취급을 하여 '(괄호)'를 쳐서 구별한다. 앞으로 단독 부사가 나오면 '괄호'를 치면 된다.

1그룹과 2그룹으로 나누고, 밑줄을 긋고 괄호를 쳐서 구분하는 것이야 말로 진짜 영문 분석이다.

다음의 문장들을 영문 분석해보자. 즉, 1그룹과 2그룹으로 나누고 1그룹에는 밑줄을 긋고 2그룹에는 괄호를 쳐보자.

① In the beginning was the Word, and the Word was with God, and the Word was God. (요1:1)

② He was with God in the beginning. (요1:2)

③ Through him all things were made; without him nothing was made that has been made. (요1:3)

④ In the first year of Cyrus king of Persia, in order to fulfill the word of the LORD spoken by Jeremiah, the LORD moved the heart of Cyrus king of Persia to make a proclamation throughout his realm and to put it in writing. (스1:1)

⑤ The LORD, the God of heaven, has given me all the kingdoms of the earth and he has appointed me to build a temple for him at Jerusalem in Judah. (스 1:2)

풀이하면 다음과 같다.

① (In the beginning) *was* *the Word*, **and** *the Word* *was* (with God), **and** *the Word* *was* *God*. (요 1:1)

② *He* *was* (with God) (in the beginning). (요 1:2)

③ (Through him) *all things* *were* (made); (without him) *nothing* *was* (made) [that has been (made)]. (요 1:3)

④ (In the first year) (of Cyrus king) (of Persia), (in order) (to fulfill the word) (of the LORD) (spoken) (by Jeremiah), *the LORD* *moved* *the heart* (of Cyrus king) (of Persia) (to make a proclamation) (throughout his realm) **and** (to put it) (in writing). (스 1:1)

⑤ *The LORD, the God* (of heaven), *has given* *me* *all the kingdoms* (of the earth) **and** *he* *has appointed* *me* (to build a temple) (for him) (at Jerusalem) (in Judah). (스 1:2)

1그룹에서 동사에는 두 줄을 긋고 나머지 명사나 형용사에는 한 줄을 긋는 연습을 해 보았다. 2그룹에서는 명사가 나오면 명사 바로 앞의 전치사와 그 명사를 묶어서 (P+N) 같이 괄호를 치고, 동사가 나올 때는 (to+V), (V+ing), (V+ed), [관계대명사+N+V], [접속사+N+V]를 각각 구별하여 괄호를 쳤다. 이것을 인지원리에 따른 영문 분석이라 한다.

명심하자.

> 영어는 **1그룹**과 (2그룹)으로만 구성된다.

여기서 1그룹을 '먼저정보'라 하고, 2그룹을 '나중정보'라 한다. '먼저정보'와 '나중정보'를 빨리 구분할 수 있어야 영어를 잘 할 수 있다. '먼저정보'가 빨리 보여야, '나중정보'를 '먼저정보'에 갖다 붙여가며 사고할 수 있기 때문이다.

김준기는 '상황영어'에서 언어는 필연적으로 공간정보를 시간정보로 바꾸어 인지하는 과정을 거치기 때문에, 말이나 글에 반드시 '먼저정보'와 '나중정보'가 들어 있다[9]고 설명한다. 이는 '먼저정보'와 '나중정보'가 구별되면서 언어의 논리 체계가 형성된다는

---

9 김준기, 앞의 책, 69쪽.

말이다.

자, 무엇이 보이는가?

무엇이 먼저 보이는가? 사과가 먼저 보이는가? 식탁이 먼저 보이는가? 아니면 사람이
먼저 보이는가?

사과가 너무 커서 식탁과 사람이 잘 보이지 않는다. 정말 큰 사과 한 개만 먼저 보인
다. 먼저 보이는 것을 1그룹에 적으면 된다. 그리고 나중에 보이는 것을 2그룹에 적으면
된다. 이렇게 말이다.

There is **a very big apple** on the family dinner table.
매우 큰 사과 한 개가 가족 저녁 식탁 위에 있다.

이번엔 무엇이 먼저 보이는가?

소녀가 너무 귀여워서 제일 먼저 보인다. 과일 바구니를 들고 있는지, 계란 바구니를 들고 있는지 별로 관심이 가지 않는다. 나중에 보인다. 그저 바구니 하나를 들고 있는 귀여운 소녀가 행복해 보일 뿐이다. 먼저정보를 1그룹에 적고, 나중정보를 2그룹에 적으면 된다. 이렇게 말이다.

A cute girl with a basket **looks happy.**
바구니를 든 **귀여운 소녀가 행복해 보인다.**

아래 영문들을 조금만 빠른 속도로 읽으면서 먼저정보와 나중정보를 구분해보자. 먼저정보를 1그룹이라 하고, 나중정보를 2그룹이라 한다. 먼저정보에는 밑줄을 긋고, 나중정보에는 괄호를 쳐보자. 즉, 인지원리에 따라 영문분석을 해보자는 말이다.

① There is something about him that I don't like.
② No ship could sail against the wind that moved her.
③ They shouted for joy when they heard the news.
④ The baby birds went under the shadow of their mother's open wings.
⑤ Their children stayed with us while they were on vacation.
⑥ Though we were starving, we would not ask a favor of him.

⑦ However rich a man may be, he ought to work.

⑧ The flow of soul with you becomes an echo, knocking on the window.

⑨ To stop the quickly rising inflation, the government put a price ceiling on most commodities.

⑩ He lived long to meet his 10th grandson.

⑪ The boy is very tall, considering his age.

⑫ I am sorry that I cannot help you.

⑬ This concert hall is big enough for your jazz band.

⑭ I would rather stay at home than go out with him.

⑮ I go to the small restaurant on the beach every day to have dinner.

풀이하면 다음과 같다.

① There *is something* about him that I don't like.

② *No ship could sail* against the wind that moved her.

③ *They shouted* for joy when they heard the news.

④ *The baby birds went* under the shadow of their mother's open wings.

⑤ *Their children stayed* with us while they were on vacation.

⑥ Though we were starving, *we would not ask a favor* of him.

⑦ However rich a man may be, *he ought* to work.

⑧ *The flow* of soul with you *becomes an echo*, knocking on the window.

⑨ To stop the quickly rising inflation, *the government put a price ceiling* on most commodities.

⑩ *He lived* long to meet his 10th grandson.

⑪ *The boy is* very *tall*, considering his age.

⑫ *I am sorry* that I cannot help you.

⑬ *This concert hall is big* enough for your jazz band.

⑭ *I would rather stay* at home than go out with him.

⑮ *I go* to the small restaurant on the beach every day to have dinner.

먼저정보와 나중정보를 구별하는 것이 영어의 시작이다. 따라서 영어의 기초는 영문을 1그룹과 2그룹으로 나누어 보는 눈썰미를 기르는 것이다.

> 영어는 **1그룹**과 (2그룹)으로만 구성된다.

* **연습문제 1**: 다음 영문을 1그룹과 2그룹으로 나누어 보시오.[10]

01. I feel perfectly at home in France.

02. Mr. Smith left New York a few days ago.

03. Mary looks beautiful in her pink dress.

04. The idea suggested by him was approved unanimously by all members.

05. They lived, constantly threatened by external invasions.

06. He absented himself from the meeting yesterday on account of his illness.

07. You cannot learn to swim by reading books about swimming.

08. I am not ashamed of the gospel, because it is the power of God for the salvation of everyone who believes.

09. John has to go every Friday to McDonald's with his children after his work to keep his word.

10. Peter is going to buy a notebook in Best Buy with cash on this Black Friday because he can get it 50% cheaper.

---

10 연습문제들을 비롯한 각종 예문들은 성경전서(NIV버전), 김준기의 상황영어, 송성문의 성문종합영어, 류진의 영어구문론, 박기엽의 우리말분석영어에서 주로 선별하였다.

제02장

<u>1그룹</u>에서 동사는 '하다' 와 '이다' 두 개뿐

Any number of diseases that were death sentences just 50 years ago, like childhood leukemia, are often manageable today, thanks to good work done by people like Dr. Bergsagel. The brightly painted pediatric clinic where he practices is a pretty inspiring place on most days because it's just a detour on the way toward a long, healthy life for four out of five leukemia patients who come here. But we still could be doing a lot better. Under the current medical system, doctors, nurses, lab technicians, and hospital executives are not paid to come up with the right diagnosis. They are paid to perform tests to do surgery and to dispense drugs.[1]

뉴욕타임즈 2006년 기사 중 한 부분이다. 짧지 않은 글이다. 위 글을 30초 안에 다시 읽어보자. 잘 이해가 되는가? 처음 읽을 때는 그리 쉽게 읽히지 않을 수 있다. 그 이유는 인지원리에 따른 영문분석이 부족하기 때문이다. 다시 한 번 말하지만, 이 책을 정독한 후에 위 문장을 읽으면 이 정도는 누워서 떡 먹기라는 것을 발견하게 될 것이다.

위 글 다섯 문장에서 본동사를 찾아서 두 줄을 그어보자. 이것이 인지원리에 따른 영문분석의 시작이다.

Any number of diseases that were death sentences just 50 years ago, like

---

[1] David Leonhardt. "Why Doctors So Often Get It Wrong." The New York Times. 2006년 2월 22일 기사에서 발췌.

childhood leukemia, _are_ often manageable today, thanks to good work done by people like Dr. Bergsagel. The brightly painted pediatric clinic where he practices _is_ a pretty inspiring place on most days because it's just a detour on the way toward a long, healthy life for four out of five leukemia patients who come here. But we still _could be_ doing a lot better. Under the current medical system, doctors, nurses, lab technicians, and hospital executives _are_ not paid to come up with the right diagnosis. They _are_ paid to perform tests to do surgery and to dispense drugs.

    다섯 문장 모두 본동사는 'Be동사(is, is, could be, are, are)'이다. 9줄로 나열된 짧지 않은 5문장 모두 동사는 '~이다'라는 뜻의 'Be동사'가 쓰이고 있다. 'could be doing'은 현재완료시제로 동사가 'do'라고 생각하거나 'are paid'는 수동태로 동사가 'pay'라고 생각할 수 있다. 이는 제5장에서 자세히 설명할 예정이다.

    이어서 두 줄이 그어진 5개의 동사(are, is, could be, are, are) 왼쪽에 주어로서의 명사에 한 줄을 그어 보고, 오른쪽에 명사나 형용사가 있으면 또 줄을 하나 그어보자. 그 결과는 아래와 같다.

Any number of diseases that were death sentences just 50 years ago, like childhood leukemia, _are_ often _manageable_ today, thanks to good work done by people like Dr. Bergsagel. _The brightly painted pediatric clinic_ where he practices _is_ _a pretty inspiring place_ on most days because it's just a detour on the way toward a long, healthy life for four out of five leukemia patients who come here. But _we_ still _could be_ doing a lot better. Under the current medical system, _doctors, nurses, lab technicians, and hospital executives_ _are_ not paid to come up with the right diagnosis. _They_ _are_ paid to perform tests to do surgery and to dispense drugs.

    앞서 배운 것처럼, 밑줄친 이탤릭체 부분이 1그룹이고 나머지는 모두 2그룹인 것이다. 이렇게 인지원리를 습득해 나가면 된다. 2그룹이 길어지면 문장이 길어진다. 길고 복잡해 보이는 글이지만 결국 본동사는 '~이다'라는 뜻의 'Be 동사'만 사용되고 있다. 존재와 상태를 설명하는 '~이다'동사가 많이 쓰인다는 말이다. 지금 당장 어려워 보이는 영문 원서나 영자 신문을 펼쳐서 확인해보라. 사용되고 있는 동사 중 아마 70% 이상은 '~이다'라는 뜻의 'Be 동사'일 것이다. 아니, 거의 80% 이상은 'Be 동사'일 것이다. 영어 단어 동사를 많이 몰라 영어를 잘 못한다고 핑계 댈 필요 없다. 'is'와 'are'만 알아도 동사의 70~80%는 인지할 수 있다는 말이다.

'Be 동사'를 '이다동사'라 한다.

참고로 동사는 이 세상에 단 두 개밖에 없다. '하다동사'와 '이다동사'다. 구약 성경은 "하나님께서 무엇을 하셨다(하다동사)" 아니면 "하나님은 어떤 분이시다(이다동사)"만 말한다. 예를 들면, "하나님께서 천지를 창조하셨다(하다동사)"를 말하거나 "여호와는 나의 목자이시다(이다동사)"를 말한다. 또는 "하나님의 사람 모세가 뭘 했다" 아니면 "다윗이 어떤 사람이다"만 말한다. 예를 들면, "모세가 홍해를 갈랐다(하다동사)"라고 말하든지 "다윗은 하나님께 합한 자이다(이다동사)"를 말한다. 따라서 모든 영문은 크게 '하다꼴' 아니면, '이다꼴' 두 개로 되어 있다.[2]

예를 들어 보자.

Peter walked on the water.

분석해보자.[3] 분석하면 아래와 같다.

Peter <u>*walked*</u> (on the water).
  <u>n</u>   *V 하다*   (P+N)

1그룹에서 동사는 'walked'라는 '하다동사'다. 동사 왼쪽에는 'Peter'라는 주어로 사용되는 명사가 있지만 동사 오른편에는 목적어로 사용되는 명사가 나오지 않는다. 이러한

---

2 김준기는 상황영어 36쪽 이하에서 이를 세 가지 꼴로 설명하고 있다.

3 앞으로 분석이라 함은 인지원리에 따른 분석을 말하며, 1그룹과 2그룹으로 나눈 뒤, 1그룹에 나오는 본동사에 두 줄을 긋고, 동사 왼쪽 명사에는 한 줄을 긋고, 동사 오른쪽에 명사나 형용사가 나오면 한 줄을 긋는 것을 말한다. 그리고 2그룹은 괄호를 쳐서 나누는 것을 말한다. 예를 들면, (P+N), (to+V), (V+ing), (V+ed), [관계대명사+V], [접속사+N+V] 이런 식으로 말이다.

구조를 '하다동사의 nV 꼴'이라고 한다. 'n'은 명사, 'V'는 동사를 말한다.

In the beginning God created the heavens.

분석해보자.

(In the beginning) *God created the heavens*.
　　(P + N)　　　　*n*　*V*하다　　*n*

동사는 'created'이며 '하다동사'다. 동사 왼쪽에는 'God',이라는 주어로 사용되고 있는 명사가 동사 오른쪽에는 'heavens'라는 목적어로 사용되고 있는 명사가 있다. '하다동사의 nVn 꼴'이다. 2그룹의 '(전치사 + 명사)'인 '(In the beginning)'이 문장 맨 앞으로 도치되었을 뿐이다.

'하다동사'를 사용할 때, 동사 오른편에 또 다른 명사가 나오지 않으면 그 동사를 자동사(Intransitive Verb)라고 하고, 또 다른 명사가 나와 목적어로 사용되면 그 동사를 타동사(Transitive Verb)라고 한다. 그러므로 자동사는 'nV 꼴', 타동사는 'nVn 꼴'로 나타난다.

> '하다동사'는 'nV 꼴' 아니면 'nVn 꼴'로만 존재한다.[4]

Darkness was over the surface.

분석해보자.

Darkness was (over the surface).
　n　　*V*이다　(P + N)

동사는 'was'라는 '이다동사'다. 동사 왼쪽에 주어 역할을 하는 'Darkness'라는 명사가

4　'nVn 꼴'은 'nVnn 꼴(수여동사)'과 'nVna 꼴(목적격보어)'을 포함한다.

있다. 동사 오른쪽에는 바로 나오는 명사가 보이지 않는다. '이다동사의 nV 꼴'이다.

The LORD is my shepherd.

분석해보자.

The LORD is my shepherd.
   n   *V*이다   n

동사는 'is'라는 '이다동사'다. 동사 왼쪽에 주어 역할을 하는 'LORD'라는 명사가 있고 동사 오른편에도 또 다른 'shepherd'라는 명사가 있다. '이다동사의 nVn 꼴'이다. 동사 오른편에 있는 명사는 보어 역할을 하고 있다. 동사 오른편에 보어 역할을 하는 명사가 오면, 이 명사는 주어의 정체, 동격, 자격, 신분, 본질을 서술한다. 시편 23편 1절은 주님의 정체가 목자라고 설명한다. 주님과 목자가 동격이다. 주님의 정체와 신분이 목자란 말이다.

The earth was empty in the beginning.

분석해보자.

The earth was empty (in the beginning).
   n   *V*이다 a   (P + N)

동사는 'was'이다. '이다동사'다. 동사 왼쪽에는 주어 역할을 하는 'earth'라는 명사가 있다. 동사 오른쪽에는 보어 역할을 하는 'empty'라는 형용사가 있다. '이다동사의 nVa 꼴'이다. 동사 오른편에 보어 역할을 하는 형용사가 오면, 이 형용사는 주어의 상태, 감정, 가치, 판단, 평가를 서술한다. 창세기 1장 2절은 지구가 텅 비어 있는 상태였음을 밝힌다.

> '이다동사'는 'nV 꼴', 'nVn 꼴', 그리고 'nVa 꼴'로만 존재한다.

다음 영문들의 주동사가 '하다동사'인지 '이다동사'인지 구분해보자. 그리고 1그룹이 아래 제시 된 다섯 가지 영문 구조 중에 어느 꼴인지 구분해보자.

> ① 하다동사의 nV 꼴
> ② 하다동사의 nVn 꼴
> ③ 이다동사의 nV 꼴
> ④ 이다동사의 nVn 꼴
> ⑤ 이다동사의 nVa 꼴

① This man is my chosen instrument to carry my name before the gentiles. (행 9:15a)

② I will show him how much he must suffer for my name. (행 9:16)

③ Ananias went to the house. (행 9:17a)

④ Ananias entered the house. (행 9:17b)

⑤ The LORD has sent me so that you may see again. (행 9:17c)

⑥ They were all afraid of him, not believing that he really was a disciple. (행 9:26b)

⑦ In Joppa there was a disciple named Tabitha. (행 9:36a)

⑧ She became sick. (행 9:37a)

⑨ Lydda was near Joppa. (행 9:38a)

⑩ All the widows stood around Peter, crying and showing him the robes and other clothing that Dorcas had made while she was still with them. (행 9:39b)

풀이하면 다음과 같다.

① 이다동사의 nVn 꼴		⑥ 이다동사의 nVa 꼴		
② 하다동사의 nVn 꼴		⑦ 이다동사의 nV 꼴		
③ 하다동사의 nV 꼴		⑧ 이다동사의 nVa 꼴		
④ 하다동사의 nVn 꼴		⑨ 이다동사의 nV 꼴		
⑤ 하다동사의 nVn 꼴		⑩ 하다동사의 nV 꼴		

이어서 우리 말의 동사표현이 영어의 동사표현에서 '하다꼴'인지 '이다꼴'인지 구분하는 연습을 해보자. 예를 들면, '먹는다'는 '하다꼴'이고, '아름답다'는 '이다꼴'이다. 김준기가 상황영어에서 제시[5]하는 표현 연습들을 옮겨 보았다.

돕는다	팽팽하다	치료한다	미쳤다	말한다
맡긴다	순결하다	갈색이다	다르다	돕는다
착하다	초대하다	선택하다	대답하다	맡긴다
본다	발견하다	창조하다	자유롭다	착하다
넉넉하다	빛난다	가늘다	생각하다	본다
잠잔다	떨어진다	북적거리다	저항하다	넉넉하다
맞추다	돈다	퍼진다	발명하다	잠잔다
뜬다	핀다	발전하다	가난하다	맞추다
훌륭하다	나타난다	수영하다	분개하다	뜬다
학생이다	반짝인다	계약한다	영원하다	훌륭하다
기다린다	흐른다	멈춘다	전하다	학생이다
철저하다	즐긴다	떠난다	용서하다	기다린다
설명한다	거칠다	기쁘다	비통하다	철저하다
인사하다	아름답다	떠오른다	상륙하다	설명한다
특수하다	취급한다	숨는다	둥그렇다	인사하다
표현이다	나쁘다	분하다	썩는다	특수하다
계속한다	계산한다	만나다	잠든다	표현이다
건설하다	전진하다	분다	숨다	계속한다
막대하다	유익하다	다정하다	뜨다	건설하다
가엾다	지루하다	크다	의사이다	막대하다
쏟아진다	연습한다	배우다	세련되다	가엾다

---

5 김준기, 앞의 책, 380-381쪽.

쏟아진다	거칠다	가늘다	분다	영원하다
팽팽하다	아름답다	북적거리다	다정하다	전하다
순결하다	취급한다	퍼진다	크다	용서하다
초대하다	나쁘다	발전하다	배우다	비통하다
발견하다	계산한다	수영하다	미쳤다	상륙하다
빛난다	전진하다	계약한다	다르다	둥그렇다
떨어진다	유익하다	멈춘다	대답하다	썩는다
돈다	지루하다	떠난다	자유롭다	잠든다
핀다	연습한다	기쁘다	생각하다	숨다
나타난다	치료한다	떠오른다	저항하다	뜨다
반짝인다	갈색이다	숨는다	발명하다	의사이다
흐른다	선택하다	분하다	가난하다	세련되다
즐긴다	창조하다	만나다	분개하다	말한다

이제 동사의 종류를 구분하는 방식의 차이를 설명할 때가 온 것 같다.

대한민국 영어 교재의 양대 산맥이라 할 수 있는 '성문종합영어(송성문 저)'와 '영어구문론(류진 저)'에서는 동사의 종류를 '자동사'와 '타동사' 두 가지로 나누어 설명하고, 여기서 파생되는 '5종류의 문형(문장의 5형식 구조)'을 설명하고 있다. 이 방식이 우리나라 영어교육의 전반을 지배하고 있다고 봐도 무방하다.

성문종합영어에서의 설명을 보자.[6] 자동사와 타동사는 각각 '완전'한 형태와 '불완전'한 형태로 나누어진다. 따라서, '완전자동사', '불완전자동사', '완전타동사', '불완전타동사', 이렇게 4종류가 있다는 것이다. 여기서, 불완전 하다는 말은 뭐가 더 나와야 한다는 말이며, 보충 설명이 더 필요하다는 말이다. 그 보충 설명을 위해 오는 말을 '보어(complement)'라 한다. 그리고 '완전타동사'는 '목적어가 1개인 완전타동사'와 '목적어가 2개인 완전타동사'로 나누어진다. 그래서 모두 5가지 종류가 된다. 이렇게 하여 영어문장의 다섯 가지 형식이 탄생한 것이다.

최선을 다해 쉽게 설명해보려고 노력한 흔적이 보이는가? 그러나 무슨 말인지 귀에 쏙쏙 와 닿지는 않을 것이다. 그래도 이미 영어 문법을 곧 잘 알고 있거나 5가지 문장 형식에 익숙한 사람은 무슨 말인지 알아 들을 것이다. 백문이 불여일견 (百聞而不如一

---

6   송성문, 『성문종합영어』(서울: 성문출판사, 2002), p. 147.

見)이다. 성문종합영어 8장 '동사의 종류'에서의 예를 들어보겠다.

> I go to church on Sundays.
>
> He is a priest.
>
> We love flowers.
>
> I give him some money.
>
> I think the boy honest.

위의 다섯 가지 문장은 아래와 같이 분석된다.

> I *go* to church on Sundays. (완전자동사 - 1형식)
>
> He *is* a priest. (불완전자동사/주격보어 필요 - 2형식)
>
> We *love* flowers. (완전타동사/목적어 1개 - 3형식)
>
> I *give* him some money. (완전타동사/목적어 2개 - 4형식)
>
> I *think* the boy honest. (불완전타동사/목적격보어 필요 - 5형식)

> 1형식 문장 : S + V (완전자동사)
> 2형식 문장 : S + V + C (불완전자동사)
> 3형식 문장 : S + V + O (완전타동사)
> 4형식 문장 : S + V + O + O (완전타동사)
> 5형식 문장 : S + V + O + C (불완전타동사)

매우 탁월한 분석이며 설명이 아닐 수 없다. 이러한 방식을 기본으로 하여 송성문의 '성문종합영어'는 문법 중심으로 설명을 하고 있고, 류진의 '영어구문론'은 구문도해 중심으로 설명을 이어간다.

그런데 '상황영어'에서 김준기는 앞서 살펴본 바와 같이, 동사의 종류를 '하다동사'와 '이다동사' 두 가지로 나누어서 설명하고 있다. 김준기의 접근 방식과 설명이 더 설득력이 있고 더 탁월하다고 본다. 실제 영미사람들의 사고방식에서 사용되는 인지원리는 '하다동사'와 '이다동사'의 구분을 따르고 있기 때문이다. 모든 영어 문장의 시작은 '하다'로 말할 것인가, 아니면 '이다'로 말할 것인가에서 출발한다. 영어 문장에서의 동사의 종류는, '하다'와 '이다' 두 개뿐이다. 특히 영어의 1그룹에서 동사는 '하다'와 '이다' 두 개뿐이다. 둘 중에 하나를 말하는 것에서부터 영어는 시작된다. 영어에서뿐만이 아니다. 세상의 모든 동사는 '하다'와 '이다' 두 개뿐이다.

이 책에서는 김준기의 방식을 선호하여 이를 좀 더 세분화 시킨 아래와 같은 '5가지 문장구조'를 사용하도록 하겠다.

> 하다동사의 nV 꼴
> 하다동사의 nVn 꼴
> 이다동사의 nV 꼴
> 이다동사의 nVn 꼴
> 이다동사의 nVa 꼴

'5가지 문장구조'를 바탕으로 앞에 나온 다섯 문장을 다시 분석해보고 사용된 동사의 꼴을 말해보도록 하겠다.

- *I go* (to church) (on Sundays).
  '하다동사의 nV 꼴' 구조이다.

- *He is a priest*.
  '이다동사의 nVn 꼴' 구조이다.

- *We love flowers*.
  '하다동사의 nVn 꼴' 구조이다.

- *I give him some money*.
  '하다동사의 nVn 꼴' 구조이다. 단 동사 뒤에 목적어가 두 개다. 그래서, '하다동사의 nVn(n) 꼴' 구조로 세분화시킬 수 있다. 단순히 목적어가 한 개 더 온 것으로 보면 간단하다. 그냥 '하다동사의 nVn 꼴'로 봐도 무방하다.

- *I think the boy honest*.
  '하다동사의 nVn 꼴' 구조이다. 단 동사 뒤에 목적어를 설명하는 보어가 형용사로 추가 되었다. 그래서, '하다동사의 nVn(a) 꼴' 구조로 세분화 되었다. 단순히 목적어를 더 설명하는 보충어가 온 것으로 보면 간단하다. 그냥 '하다동사의 nVn 꼴'로 봐도 무방하다.

영어의 모든 동사는 '하다'와 '이다'뿐이다. '하다동사'인지, '이다동사'인지 구별하는 것부터 다시 시작해야 한다. 지금 말하거나 쓰려고 하는 영문이 '하다'인지 '이다'인지 구분이 간다면 이미 상당한 실력자이다.

그런데 모양새는 분명히 '하다동사'인데, 구조상으로 그리고 의미상으로는 '이다동사'로 쓰이는 동사가 있다. 이것을 '계사(繫辭, copula)동사'라 한다. 계사동사를 다른 말로 '연결동사(Linking Verb)'라고도 하는데, 'be'동사를 포함하여, 'become'처럼 주어와 주격 보어를 이어주는 불완전자동사는 모두 계사동사가 될 수 있다. 계사동사 뒤에 따라 나오는 주격 보어로는 명사와 형용사가 올 수 있다. 명사 보어는 주어의 정체·동격·신분·자격·본질을 설명하며, 형용사 보어는 주어의 상태·기분·가치·판단·평가를 설명한다.

류진은 '영어구문론' 1편 4장에서 계사동사를 자세히 설명[7]한다. 계사동사에는 다음과 같은 동사들이 있다.

Be동사
Become, Grow, Get, Turn, Run, Make, Fall / 변화의 의미
Keep, Remain, Lie, Hold, Continue / 계속의 의미
Prove, Feel, Taste, Smell, Sound / 판명 및 지각의 의미
Look, Seem, Appear / 인상의 의미
Sit, Stand, Part, Return, Come, Go / 이동의 의미
Live, Die, Marry / 기타 의미

위 동사들이 불완전자동사(2형식)로 사용되면 모두 계사동사다. 계사동사인지 판별하는 좋은 방법은 위 동사들 대신 Be동사(is, are)를 넣어보면 알 수 있다. 의미상 말이 된다면 계사동사로 쓰이고 있다는 증거다.

류진이 설명하는 예문 몇 가지만 살펴보겠다.

He has grown old.

He turned pale.

---

7   류진, 『구문도해 영어구문론』 (서울: 백만사, 1995), pp. 30-37.

The dog ran mad.

A good daughter makes a good wife.

She kept silent all the time.

The house remained empty for a long time.

The market price of rice *continues firm.*

The theory proved false.

The dinner smelt delicious.

My story may sound strange, nevertheless it is true.

He looks pale, but *he looks healthy.*

He seemed happy.

To me *she appears sensible* and *silent.*

I went away *a girl*, and *have come* back *a woman.*

He lived a saint and *died a martyr.*

She married young.

Be동사(am, is, are, was, were)를 넣어보라. 말이 되면 계사동사다.

* **연습문제 2**: 다음 영문을 먼저 1그룹과 2그룹으로 나누고, 1그룹에서 '하다동사'와
  '이다동사'를 구분하여 '5가지 문장구조'를 바탕으로 인지원리에 따라
  분석하시오.

01. The earth moves round the sun.

02. He is positive toward his future.

03. He ran himself out of breath.

04. I wrote my mother in the country a long letter last night.

05. I found this book easy.

06. There is a rainbow in the sky.

07. The child came home crying bitterly.

08. The fact is that I know nothing about it.

09. She drove very fast her car to go to the hospital.

10. England expects every man to do his duty.

11. The pilgrims left their home to start a new life.

12. His own efforts have made him what he is.

13. They found the place a prosperous village, and left it a ruin.

14. After Jesus had said that, he went on ahead, going up to Jerusalem.

15. The little sheep in the box will live on the planet known as B-612 with the
    little prince because they are going to be best friends.

제03장

영어의 꽃은 (2그룹)

Any number of diseases that were death sentences just 50 years ago, like childhood leukemia, *are* often *manageable* today, thanks to good work done by people like Dr. Bergsagel. *The brightly painted pediatric clinic* where he practices *is* *a pretty inspiring place* on most days because it's just a detour on the way toward a long, healthy life for four out of five leukemia patients who come here. But *we* still *could be* doing a lot better. Under the current medical system, *doctors, nurses, lab technicians, and hospital executives* *are* not paid to come up with the right diagnosis. *They* *are* paid to perform tests to do surgery and to dispense drugs.

   위 영문을 앞서 2장에서 1그룹과 2그룹으로 나누고 1그룹의 동사에는 두 줄을, 동사 왼쪽과 오른쪽에 나오는 명사 또는 형용사에 한 줄을 그어 보았다. 이제 인지원리에 따라 위 영문 분석을 완성해보자. 아래의 결과를 보기 전에 꼭 스스로 해보기 바란다.

Any number (of diseases) [that were death sentences] (just) (50 years ago), (like childhood leukemia), *are* (often) *manageable* (today), (thanks to good work) (done) (by people) (like Dr. Bergsagel). *The brightly painted pediatric clinic* [where he practices] *is* *a pretty inspiring place* (on most days) [because it's just a detour] (on the way) (toward a long, healthy life) (for four) (out of five leukemia patients) [who come (here)]. **But** *we* (still) *could be* (doing a lot better). (Under the current medical system), *doctors, nurses, lab technicians, and hospital executives* *are* (not) (paid) (to come) (up) (with the right diagnosis). *They* *are* (paid) (to perform tests) (to do surgery) **and** (to dispense drugs).

다시 한 번 확인한다. 인지원리에 따른 분석이라 함은, 1그룹과 2그룹으로 나눈 뒤 1그룹에 나오는 본동사에 <u>두 줄</u>을, 동사 왼쪽 명사에는 <u>한 줄</u>을 긋고, 동사 오른쪽에 명사나 형용사가 나오면 <u>한 줄</u>을 긋는 것을 말한다. 그리고 2그룹은 (괄호)를 쳐서 나누는 것을 말한다. 예를 들면, (P+N), (to+V), (V+ing), (V+ed), [관계대명사+V], [접속사+N+V] 이런 식으로 말이다. 그리고 접속사에는 회색을 칠한다. 관계사절을 이끄는 관계대명사, 관계형용사, 관계부사도 접속사의 일종이다.

이제, 2그룹의 구성을 좀 더 구체적으로 살펴보고자 한다.

2그룹은 '(P+N), (to+V), (V+ing), (V+ed), [관계대명사+V], [접속사+N+V]'으로 구성된다.

'(P+N)'은 '전치사구'를 말한다. 2그룹에 나오는 명사 앞에는 반드시 전치사를 붙여야 한다는 말이다. 바꿔 말하자면, 2그룹의 전치사 뒤에는 반드시 명사가 온다는 말이다. 따라서 2그룹에서 '(전치사+명사)'를 찾는 훈련을 철저히 해야 한다.

'(to+V)'은 'To부정사구'를 말한다. 2그룹에 나오는 동사로 미래의 의미를 표현할 때 사용한다. 아직 발생하지 않은 상태라 '미래의 to', '앞으로 할 to', '잘 모르면 to' 라고도 한다. 'to'는 '향해 가다'는 뜻의 전치사다. 동사를 향해 가고 있으니 아직은 동사가 일하고 있지 않은 상태이고 미래에 언제가 발생할 예정이라는 '미발생'의 의미를 갖는다.

'(V+ing)'은 '현재분사구'를 말한다. 2그룹에 나오는 동사로 현재의 의미를 표현할 때 사용한다. 현재 진행 중인 것이 확실할 때 '능동'의 의미와 '발생중'의 의미를 갖는다.

'(V+ed)'은 '과거분사구'를 말한다. 2그룹에 나오는 동사로 과거의 의미를 표현할 때 사용한다. 과거에 이미 발생했던 것이 확실할 때 '수동'의 의미와 '발생후'의 의미를 갖는다.

To부정사구, 현재분사구, 과거분사구를 합쳐서 '동사구'라 한다. '준동사구' 또는 '준동사'라고 부르기도 한다. '구(Phrase)'라 함은 'to+동사', '동사+ing', '동사+ed' 처럼 두 단어가 합쳐져서 새롭게 '만들어진 품사'를 말한다. 한편 '주어+동사'처럼 서술어를 포함하여 문장을 이루는 것을 '절(clause)'이라 한다.

'[관계대명사+V]'은 '관계사절'이라 하며 선행된 명사 중 하나를 지목하여 수식할 때 사용된다. 명사를 수식하기 때문에 품사는 형용사가 된다. 관계사절을 이끄는 '관계사'에는 '관계대명사' 외에 '관계형용사'와 '관계부사'가 있다. 이후로는 '관계대명사'만 대표로 언급하겠다.

'[접속사+N+V]'은 '접속사절'이라 하며 부사의 역할을 하는 종속절이 되어 주절의 동사나 형용사 또는 부사를 수식하며 시간·장소·이유·결과·조건·양보·비교 등을 설명한다. 또는 그 자체가 명사절이 되어 문장의 주어나 목적어나 보어의 위치에 들어가기도 한다. '주어+동사'의 모양을 이루면서 서술어를 포함하여 문장을 형성하기 때문에, '절(clause)'을 이룬다. 관계사절과 접속사절을 합쳐서 '동사절'이라 한다.

2그룹이 1그룹을 도울 때, (P+N)은 명사로 돕는 것이고, (to+V), (V+ing), (V+ed), [관계대명사+V], [접속사+N+V]은 동사로 돕는 것이다.

앞의 뉴욕타임즈 기사 영문 분석은 인지원리에 따라 다음과 같이 분석된 것이다. '2그룹'의 역할을 중심으로 설명해보겠다.

> *Any number* (of diseases) [that <u>were</u> death sentences] (just) (50 years ago), (like childhood leukemia), <u>*are*</u> (often) *manageable* (today), (thanks to good work) (done) (by people) (like Dr. Bergsagel).

- 첫 번째 문장의 동사는 '이다동사'인 'are'이다. 여기에 두 줄을 긋는다.
- 동사 왼쪽에 주어 역할을 하는 명사를 찾아보자. 동사의 위치에서 멀리 떨어져 있기는 하나 동사 왼쪽에서 주어의 역할을 하는 명사는 'number'이다. 한 줄을 긋는다.
- 단, 명사 앞에 등장하는 관사, 부사, 형용사는 명사와 같은 배를 탄 운명 공동체가 된다. 'number' 앞에 있는 'Any'라는 형용사는 'number'와 같은 운명 공동체가 된다. '*Any number*' 이렇게 말이다.[1]
- 동사 'are' 오른쪽에 명사나 형용사를 찾아 보자. 'often'이라는 부사 건너서 형용사 'manageable'이 나온다. 동사 오른쪽에 나오는 형용사이기에 한 줄을 긋는다. '*manageable*' 이렇게 말이다. 상태를 나타내는 보어다.
- 결국, 첫 번째 문장의 1그룹은 "Any number are manageable"로 '이다동사의 nVa 꼴'이다.
- 이제 나머지는 전부 2그룹니다. 2그룹에는 괄호를 쳐 보자.

---

1 참고로, 두 번째 문장의 '*The brightly painted pediatric clinic*'과 '*a pretty inspiring place*'도 마찬가지다. 앞으로 어디서든지, 관사·부사·형용사·명사는 같은 운명 공동체로 한 단어처럼 묶어서 보면 된다. 이것을 묶어서 보는 눈이 실력이다.

- 'diseases' 라는 명사 앞에, 전치사 'of'를 붙인 것이다. 괄호를 친다. '(of deseases)' 이렇게 말이다.
- [that were death sentences] 는 '관계사절'로 앞에 명사 'diseases'를 수식한다. '관계대명사(주격)+이다동사+명사(보어)'라는 '이다동사 nVn 꼴'이다.
- 'just'는 부사다. 한 단어 부사는 그냥 괄호를 친다.
- '50 years ago'는 시간을 표현하는 부사다. 묶어서 괄호를 친다.
- 'childhood leukemia'는 명사이므로 명사 앞에 반드시 전치사를 적어야 한다. 전치사 'like'가 왔다. '(like childhood leukemia)' 이렇게 괄호를 친다.
- 'often'은 부사다. 괄호를 친다.
- 'today'는 명사다. 전치사가 생략되어 있다. 시간을 표현하는 명사 앞에 전치사가 자주 생략되어 나타난다. 앞에 전치사가 있는 것으로 보고 괄호를 친다.
- 'work'는 명사다. 명사 앞에 형용사가 왔고 그 앞에 반드시 전치사가 와야 한다. 전치사는 'thanks to'라는 전치사가 왔다. '(thanks to good work)' 이렇게 괄호를 친다.
- 이어서 2그룹에 'do'라는 동사를 사용하려 한다. '미발생'을 표현하려면 (to+V), '발생중'을 표현하려면 (V+ing), '발생후'를 표현하려면 (V+ed)을 사용할 것인데, '이미 된 일'의 표현이 적합하므로 과거 표현인 과거분사 (V+ed)를 사용해 'done'이 왔다. '(done)' 이렇게 괄호를 친다.
- 마지막으로 명사 'people' 앞에 전치사 'by', 명사 'Dr. Bergsagel'앞에 전치사 'like'가 왔다. '(by people) (like Dr. Bergsagel)' 이렇게 괄호를 친다.

The brightly painted pediatric clinic [where he practices] *is a pretty inspiring place* (on most days) [because it's (just) a detour] (on the way) (toward a long, healthy life) (for four) (out of five leukemia patients) [who come (here)].
- 두 번째 문장의 동사도 '이다동사'인 'is'이다. 여기에 두 줄을 긋는다.
- 동사 왼쪽에 주어 역할을 하는 명사는 'pediatric clinic'이다. 그런데 관사-부사-형용사-명사가 이어지고 있으므로 이 전체를 한 단어로 보고, 그 전체에 한 줄을 이렇게 *The brightly painted pediatric clinic* 긋는다.
- 접속사 'where'가 명사절을 이끈다. [접속사+명사+동사]라는 '하다동사

의 nV 꼴'의 명사절을 이끌고 앞의 명사 'clinic'을 수식한다. 괄호를 친다. '[where he practices]' 이렇게 말이다.

- 동사 오른쪽에 나오는 명사 'place' 앞에도 관사-부사-형용사-명사가 이어진다. 한 단어로 보고 전체 한 줄을 긋는다. *a pretty inspiring place* 이렇게 말이다.

- 두 번째 문장의 1그룹은 '이다동사의 nVn 꼴'이다.

- 이제 나머지는 2그룹이다. 2그룹에는 괄호를 쳐 보자.

- 명사 'days' 앞에 전치사 'on'이 나온다. 이렇게 '(on most days)' 괄호를 친다.

- 접속사 'because'가 종속절을 이끈다. '[접속사+명사(주어)+이다동사+명사(보어)]'라는 '이다동사의 nVn 꼴'의 종속절이다. 괄호를 친다. '[because it's (just) a detour]' 이렇게 말이다.

- 'way'라는 명사 앞에 전치사 'on'이 나온다. 이렇게 '(on the way)' 괄호를 친다.

- 'life'라는 명사 앞에 전치사 'toward'가 나온다. 이렇게 '(toward a long, healthy life)' 괄호를 친다. 여기서 'a long, healthy life'는 'a long and healthy life'라는 뜻이다. 여기서 '콤마(,)'는 'and'의 개념으로 사용되고 있다.

- 'four'는 'four leukemia patients'를 말하며 명사다. 명사 앞에 전치사 'for'!

- 괄호를 친다. 이렇게 '(for four)', 그리고 전치사 'out of' 뒤에 명사! '(out of five leukemia patients)' 말이다.

- 마지막으로 명사 'patients'를 꾸며주는 관계사절 '[who come (here)]'에 괄호를 친다.

But *we* (still) *could be* (doing a lot better).

- 세 번째 문장의 동사도 '이다동사'인 'could be'이다. 여기에 두 줄을 긋는다.

- 등위접속사 'But'에는 회색을 칠한다.

- 부사 'still'에는 괄호를 친다.

- 동사 왼쪽에 나오는 주어 역할을 하는 명사 'we'에 한 줄을 긋는다.

- 이제 2그룹이다. 'do'라는 동사로 도우려 한다.

- 미래를 표현하려면 (to+V), 진행중인 현재를 표현하려면 (V+ing), 과거를 표현하려면 (V+ed)을 사용할 것인데, 지금 진행중인 현재를 표현한다. 그래서 'doing'을 사용했고, 'do'라는 '하다동사'의 목적어로 'a lot better'가 왔

다. 이렇게 '(doing a lot better)' 괄호를 친다.

- 'could be doing'을 '하다동사', 'do'의 '현재진행시제'로 볼 수도 있으나, 실제 인지원리 과정에서는 1그룹의 '이다동사' 뒤에서, 2그룹의 동사 'do'가 진행을 나타내는 현재의 표현으로 쓰이면서 '현재분사(V+ing)'인 'doing'이 된 것으로 본다. "~하고 있는 상태*이다*"로 보면, 1그룹은 '이다동사'가 분명하다.

(Under the current medical system), *doctors, nurses, lab technicians, and hospital executives* <u>are</u> (not) (paid) (to come) (up) (with the right diagnosis).

- 네 번째 문장의 동사도 '이다동사'인 'are'이다. 여기에 두 줄을 긋는다.
- 동사 왼쪽에 나오는 주어로서의 명사는 '*doctors, nurses, lab technicians, and hospital executives*'이다. 병원 직원을 표현하는 여러 단어가 나왔지만 전체에 한 줄을 긋는다.
- 이제 2그룹에 괄호를 쳐 보자.
- 명사 'system' 앞에 전치사 'under'가 나온다. 전치사가 보이면 뒤에 나오는 명사까지 한 운명 공동체다. 이렇게 '(Under the current medical system)' 괄호를 친다.
- 부사 'not'에 괄호를 친다. 참고로, 'no'는 형용사고, 'not'은 부사다.
- 2그룹에서 'pay'라는 동사를 사용해 2그룹을 도우려 한다. 미래를 표현하려면 (to+V), 진행중인 현재를 표현하려면 (V+ing), 과거를 표현하려면 (V+ed)을 사용할 것인데, 여기서는 과거의 상태를 표현한다. 그래서, pay의 과거분사(pay + ed)인, paid가 왔다. 괄호를 친다.
- '(paid)'는 '이다동사' 오른쪽에 나오는 형용사의 개념으로 사용되고 있으므로 1그룹에서 동사 오른쪽에서 보어 역할을 하는 형용사 취급을 하여 한 줄을 긋는다. '(<u>paid</u>)' 이렇게 말이다.
- 이어서, 'come'이라는 동사가 2그룹에 등장했다. 미래를 표현하려면 (to+V), 현재를 표현하려면 (V+ing), 과거를 표현하려면 (V+ed)을 사용할 것인데, 여기서는 미래의 상태를 표현한다. 그래서 'to come'이 온 것이다. 괄호를 친다.
- 'up'은 단독 부사로 보고 괄호를 친다.

- 'diagnosis'라는 명사 앞에 전치사 'with'가 나온다. 여기서 전치사-관사-형용사-명사는 한 팀임을 잊지 말자. 전체를 묶어서 이렇게 '(with the right diagnosis)' 괄호를 친다.

They are (paid) (to perform tests) (to do surgery) **and** (to dispense drugs).
- 다섯 번째 문장의 동사도 '이다동사'인 'are'이다. 여기에 두 줄을 긋는다.
- 'They'가 동사 왼쪽에 나오는 주어로서의 명사다. 한 줄을 긋는다.
- 1그룹은 끝났다. 이제 2그룹에 괄호를 쳐 보자.
- '(paid)'는 앞 문장의 설명과 동일하다.
- 여기서, 'They are paid'를 '하다동사', 'pay'의 '수동태'로 볼 수도 있으나, 실제 인지원리 과정에서는 1그룹의 '이다동사' 뒤에서, 2그룹의 동사 'pay'가 과거 사실의 표현으로 쓰이면서 '과거분사(V+ed)'인 'paid'가 된 것으로 본다. "과거에 지불된 상태*이다*"로 인지하여, 현재에는 수동의 의미가 포함되고 있는 것이다. 따라서 1그룹은 그냥 '이다동사'로 보아야 한다.
- 2그룹에 'perform'이라는 동사를 사용한다. 한 번만 더 확인한다. 미래를 표현하려면 (to+V), 현재를 표현하려면 (V+ing), 과거를 표현하려면 (V+ed)을 사용해야 한다. 이쯤 하면 귀에 못이 박혔을 것이다. 여기서 테스트는 앞으로 할 것이기에 미래의 상태를 표현하고 있으므로 (to+V)를 사용한다.
- 'perform'이 '하다동사'이기 때문에, 목적어인 'tests'까지 묶어서 이렇게 '(to perform tests)' 괄호를 친다.
- 2그룹에 'do'라는 동사를 사용한다. 여기서도 미래의 상태를 표현하기에 (to+V)를 사용한다. 잘 모르거나 애매할 때는 무조건 (to+V)를 쓰면 된다. 목적어 'surgery'까지 묶어서 이렇게 '(to do surgery)' 괄호를 친다.
- 'and'는 등위접속사이므로, 회색을 칠하거나 세모를 그린다.
- 마지막으로 2그룹에 'dispense'라는 동사를 사용한다. 여기서도 미래의 상태를 표현하는 것으로 보고 (to+V)를 사용한다. 목적어 'drugs'까지 묶어서 이렇게 '(to dispense drugs)' 괄호를 친다.

정리해보자.
영어 문장에서 1그룹은 주로 단어 2개(nV) 아니면 단어 3개(nVn, nVa)로 만들어 진다.

간혹 1그룹이 길게 보일 때는 '관사-부사-형용사-명사'라는 운명 공동체가 오기 때문인데, 묶어서 한 덩어리로 볼 수만 있다면 1그룹은 결국 단어 2개 아니면 3개라는 말이다. 동사와 그 왼쪽에 명사, 그 오른쪽에 명사나 형용사가 오면 끝난다. 즉, 1그룹은 짧다는 말이다.

그렇다면 각종 영어 시험에서 짧은 시간 안에 독해해야 하는 문장들은 왜 이렇게 다들 길단 말인가?

그 이유는 2그룹이 길어졌기 때문이다.

영어 문장이 길어지고 사고가 확대되기 위해서는 2그룹이 길어져야 한다. 따라서 얼마나 높은 수준의 영어를 구사하는지는 2그룹을 어떻게 사용하느냐에 달려있다.

여기서 중요한 개념이 하나 발생한다. 2그룹은 홀로 존재하지 못한다. 2그룹은 반드시 1그룹에 봉사한다. 2그룹은 반드시 1그룹을 도와주러 길을 향해 간다. 향해가는 과정이 바로 문법이다. 2그룹 언어재료로 1그룹을 설명할 때 영어의 문법이 발생한다. 즉, 2그룹이 1그룹으로 향해가는 구조와 구문을 설명하는 것이 바로 영어의 문법이다.

> 영어의 꽃은 '2그룹'이다.

1그룹을 돕기 위해서 사용되는 2그룹의 재료는 결국 명사(N)와 동사(V)다. 명사로 돕거나 또는 동사로 돕는다는 말이다. 그런데 그냥 도우러 가면 안되고, 반드시 조건을 따라야 한다. 그 조건은 다음과 같다.

2그룹에서 명사를 가지고 1그룹을 설명하려 할 때는 반드시 그 명사 앞에 전치사를 붙여야만 한다. '반드시'라는 말에 귀를 기울여야만 한다. 많은 한국인이 미국에 가서 영어를 구사할 때, 2그룹에서 명사 앞에 전치사를 붙이는 것을 간과한다. 그 순간 아무리 발음을 굴려보아도 미국 사람들은 알아듣지 못한다. 왜냐하면, 사고를 놓쳤기 때문이다. 2그룹에 나오는 명사에는 반드시 그 앞에 어떤 전치사든 붙여야 미국 사람들은 사고를 시작할 수 있다.

명사 앞에 전치사를 붙여서 2그룹을 만들어 1그룹을 도울 때, '(P+N)'는 주로 1그룹 언어재료들에 장소(Where), 방법(How), 시간(When) 및 이유(Why)를 설명한다. 이를 '전치사구'라고 한다.

다음 영문을 읽고 1그룹과 2그룹으로 나눈 뒤 해석해보자.

I bought the book (in Bandi&Luni's bookshop) (on a credit card) (after dinner).

나는 반디앤루니스 서점에서 신용카드로 저녁식사 후에 그 책을 샀다.

나는 그 책을 샀다. 반디앤루니스 서점에서 샀다. (장소)

나는 그 책을 샀다. 신용카드로 샀다. (방법)

나는 그 책을 샀다. 저녁식사 후에 샀다. (시간)

위 문장에서 2그룹 재료들인 '전치사구(P+N)'들은 1그룹 언어재료 중 동사인 'bought(샀다)'를 향해 가면서 장소, 방법, 시간을 설명하며 대화를 도와주고 있다. 그래서 어디서, 어떻게, 언제 샀는지를 설명하고 있다. 당연하고 간단해 보이지만 한국 사람들이 굉장히 많이 틀리는 부분이다. 명심해야 한다. 2그룹에서 **명사**를 가지고 1그룹을 설명하려 할 때는 그 명사 앞에 반드시 전치사를 붙여야 한다. '전치사구(P+N)'에서는 전치사가 접착제 역할을 하는 것이다. 접착제, 풀, 본드를 다른 말로 '연결어'라고 한다.

한편, 2그룹에서 **동사**를 사용해 1그룹을 설명하려 할 때는 반드시 그 동사 앞이나 뒤에 뭔가를 붙여야 한다. 다시 말해, 동사 앞에 'to'를 붙이든지(to+V), 동사 뒤에 '~ing'를 붙이든지(V+ing), 동사 뒤에 '~ed'를 붙이든지(V+ed), 아니면 '관계대명사+동사[관계대명사+V]' 또는 '접속사+주어+동사[접속사+N+V]'처럼 동사 앞에 관계대명사나 접속사를 붙이든지 반드시 뭔가를 붙여야만 한다. 2그룹에서 명사와 동사를 사용할 때는 절대로 그냥 사용해서는 안 된다. 반드시 'to', '~ing', '~ed', '관계대명사', '접속사' 다섯 가지 연결어 중에서 뭔가를 사용해서 붙여줘야만 사용 가능하다는 말이다.

앞으로 할 것이나 미래적인 것, 아직 잘 모르겠다 싶은 것은 'to+V'사용한다. 이것을 'To부정사구'라고 부른다.

지금 진행 중인 것은 'V+ing'를 사용한다. 이것을 '현재분사구'라고 한다.

이전에 했던 것, 과거 사건으로 누구나 다 아는 것, 그래서 수동의 의미를 갖게 되는 것에는 'V+ed'를 사용한다. 이것을 '과거분사구'라고 한다.

그리고 관계대명사를 이용해서 앞에 선행된 명사를 수식하고자 할 때는 '관계대명사+V'의 형태를 사용한다. 이것을 관계사절이라 한다.

그리고 접속사를 사용해서 1그룹에 있는 언어재료들을 수식하고자 할 때는 '접속사+명사(주어)+동사'의 형태를 사용한다. 이것을 '접속사절'이라고 한다.

2그룹의 동사구(To부정사구, 현재분사구, 과거분사구)와 동사절(관계사절, 접속사절)은 1그룹의 언어재료들을 향해 가면서 장소(Where), 방법(How), 시간(When) 및 이유

(Why)를 설명해주기도 하고, 때로는 1그룹 구조 가운데 자리를 잡기도 한다.

　다음 영문을 읽고 1그룹과 2그룹으로 나눈 후 해석해보자.

　　　I bought the book (to prepare the English exam).
　　　나는 영어 시험을 준비하려고 그 책을 샀다.
　　　나는 그 책을 샀다. 영어 시험을 준비하려고 샀다.

　위 문장에서 2그룹 재료인 'To부정사구'는 1그룹 언어재료 중 동사인 'bought(샀다)'을 향해 가면서 '왜'를 설명하며 대화를 도와주고 있다. 그래서 왜 샀는지를 설명하고 있다.

　다시 보자. 당연하고 간단해 보이지만 한국 사람들이 굉장히 많이 틀리는 부분이다. 명심해야 한다. 2그룹에서 동사를 사용해 1그룹을 도우려 할 때는, 동사 앞·뒤에 연결어 (to, ~ing, ~ed, 관계대명사, 또는 접속사)하나를 반드시 사용해야 한다. 만약에 2그룹에서 아무 연결어(접착제, 풀, 본드) 없이 동사를 단독으로 사용하면, 미국 사람들은 그 순간 우리의 영어를 절대 알아들을 수 없게 된다.

　　I bought the book in Bandi&Luni's bookshop on a credit card after dinner to
　　prepare the English exam.

1그룹	←	2그룹	
	(in Bandi&Luni's bookshop)	Where
I bought the book	(on a credit card)	How
Who 하다 What	(after dinner)	When
	(to prepare the English exam)	Why

　다시 한 번 정리한다.

　위 도표에서 보듯이 2그룹에서 1그룹을 돕기 위해서 사용되는 품사 재료는 결국 명사 (N)와 동사(V)다.

　명사로 도울 때는 그 명사 앞에 반드시 전치사를 붙여서 '(P+N)' 이렇게 만들어 줘야 한다. 이것을 '전치사구'라 한다.

　그리고 동사로 도울 때는 그 동사 앞이나 뒤에 연결어를 반드시 붙여서 '(to+V), (V+ing), (V+ed), [관계대명사+V], 또는 [접속사+N+V]' 이렇게 만들어 줘야 한다. 이때,

'(to+V), (V+ing), (V+ed)'을 '동사구'라 하고, '[관계대명사+V], [접속사+N+V]'을 '동사절'이라 한다.

영어의 꽃은 2그룹에 있다. 그리고 2그룹은 결코 복잡하거나 어렵지 않다.

다음의 도식처럼 2그룹에서 연결어를 만들어서 1그룹에 붙이면 된다.

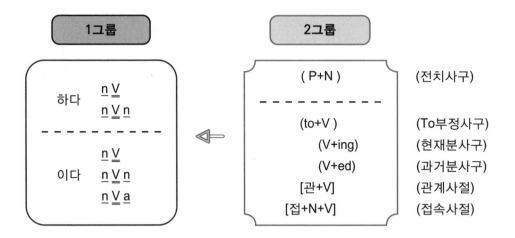

다시 한 번 강조한다.

영어를 잘 하고 싶으면, 위 그림을 집중해서 보고 또 보아야 한다. 이렇게만 하면, 영어는 틀릴 수가 없다. 아니, 영어를 틀리는 것이야 말로 기적이다. 어떻게 영어를 틀릴 수 있단 말인가?

앞서 살펴 본 에스라 1장 1절의 문장을 다시 한 번 살펴보자.

In the first year of Cyrus king of Persia, in order to fulfill the word of the LORD spoken by Jeremiah, the LORD moved the heart of Cyrus king of Persia to make a proclamation throughout his realm and to put it in writing.

위 문장을 인지원리에 따라 분석하면 다음과 같다.

(In the first year) (of Cyrus king) (of Persia), (in order) (to fulfill the word) (of the LORD) (spoken) (by Jeremiah), *the LORD moved the heart* (of Cyrus king) (of Persia) (to make a proclamation) (throughout his realm) and (to put it) (in writing).

위 문장은 다음과 같은 인지원리로 만들어 진 것이다.

① 1그룹에서, '하다'와 '이다'를 구분하여 <u>동사</u>를 적는다.
② 그 동사 앞에 <u>명사</u>를 적고, 그 뒤에 <u>명사</u>나 <u>형용사</u>를 적는다.
③ 2그룹에서 명사로 도우려면 그 앞에 반드시 전치사를 붙여서 전치사구 '(P+N)'로 만들어 붙이고, 동사로 도우면, 그 앞과 뒤에 연결어를 사용해 동사구 '(to+V), (V+ing), (V+ed)'나 동사절 '[관계대명사+V], [접속사+N+V]'로 만들어 붙인다.

이게 바로 영어다. 벌써 여러 번 반복했다.
이러한 언어 인식의 사고 방식이 머리 속에 맴돌게 해야만 한다.
위 문장 분석에 대한 자세한 설명은 다음과 같다.

- 동사가 '하다'인지 '이다'인지를 구분한다.
- '하다' 동사인 'moved'를 적는다.
- 동사 앞에 주어인 명사(the LORD)를 적는다.
- 동사 뒤에 목적어인 명사(the heart)를 적는다.
- 이렇게 하면 1그룹은 끝난다.
- 2그룹에서, 명사 'year' 앞에 전치사 'In'를 붙인다.
- 명사 'Cyrus king' 앞에 전치사 'of'를 붙인다.
- 명사 'Persia' 앞에 전치사 'of'를 붙인다.
- 명사 'order' 앞에 전치사 'in'을 붙인다.
- 동사 'fulfill' 앞에 미래의 의미이므로 연결어 'to'를 붙인다.
- 동사 'fulfill' 뒤에 목적어가 필요하므로 명사 'the word'를 적는다.
- 명사 'the LORD' 앞에 전치사 'of'를 붙인다.
- 동사 'speak' 뒤에 과거의 의미이므로 연결어 '~ed'를 붙인다. 그래서 과거분사형인 'spoken'을 적는다.
- 명사 'Jeremiah' 앞에 전치사 'by'를 붙인다.

- 명사 'Cyrus king' 앞에 전치사 'of'를 붙인다.

- 명사 'Persia' 앞에 전치사 'of'를 붙인다.

- 동사 'make' 앞에 미래의 의미이므로 연결어 'to'를 붙인다.

- 동사 'make' 뒤에 목적어가 필요하므로 (대)명사 'it' 을 적는다.

- 명사 'realm' 앞에 전치사 'throughout'을 붙인다.

- 동사 'put' 앞에 미래의 의미이므로 연결어 'to'를 붙인다.

- 동사 'put' 뒤에 목적어가 필요하므로 명사 'a proclamation' 을 적는다.

- 명사 'writing' 앞에 전치사 'in'을 붙인다.

보라! 어떻게 영어를 틀릴 수가 있단 말인가? 영어는 틀릴 수가 없다. 이렇게 하면 영어를 틀릴 수 없게 되는 것이다. 그리고 이것이 바로 영어권 사람들의 사고방식이며 영어식 인지원리이다.

> ## 영어는 틀리는 게 기적이다.

이제 영어를 틀릴까봐 두려워하는 수준을 넘어서서 영어로 자유자재로 읽고 쓰고 듣고 말하는 단계로 넘어가는 것이 마땅하다. 계속해서 이 책을 읽다 보면 어느 순간 그런 단계로 건너가 있는 자신을 발견하게 될 것이다.

앞에 에스라 1장 1절의 내용을 읽을 때 한국어로 해석하고 번역하여 인식하는 단계가 아니라 읽음과 동시에 자연스럽게 핵심 내용이 머리와 가슴 속에 인지되어 와닿게 만들어야 한다.

하나님께서는 왜 페르시아의 고레스 왕의 마음을 움직이셨을까? 고레스 왕은 왜 하나님의 말씀을 그의 온 나라에 공포하게 되었는가? 이러한 질문에 답을 하며 영문을 읽어야 한다.

즉, 왜(Why)에 대한 답을 찾아 가며 읽어야 한다. 2그룹이 1그룹을 설명하면서 계속해서 대화를 시도하고 있기 때문이다. 김준기는 상황영어에서 '언어는 동사의 변증'이라고 설명한다. 동사를 변증하려고 장소·방법·시간을 설명하고, 결국에는 이유(Why)를 설명해야 끝이 난다고 한다. 즉, 글을 읽으면서 항상 '왜(Why)'를 물어봐야 한다는 것이다.

Why를 묻는 다는 것이 어떤 것인지 묵상한 상황영어의 저자 김준기의 글[2]의 일부를 소개하겠다.

> ## Why를 묻는다는 것은?
>
> Why는 사람의 내면 속에 있는 깊은 의지이다. 온 세상에 있는 모든 동사는 행위의 이면 속에 가리어져 보이지 않는 내용을 원인으로 해서 돌아다닌다. 자기의 인생 속에 이 Why가 없는 사람은 삶의 목적이 없고, 신비도 없이 사는 사람이다. 이 Why는 누가 묻지 않아도 자기 속에 늘 가지고 있어야 한다. 하나님은 사람을 열정과 불로 지으셨다. 그래서 히브리 사람들의 말에서는 사람(אִישׁ 이쉬)과 불(אֵשׁ 에쉬)은 같은 어원에서 나온다. 불(열정)이 없는 사람은 죽은 사람이다. 인간에게 열정을 일으켜 내는 것은 Why이다. 그의 모든 동사는 그의 모든 인생이다. 그의 모든 동사의 연결이 결국 그의 인생의 발자취가 된다. 그의 인생에, 그의 동사에 열정도 없고 Why도 없는 사람은 버려진 인생이다.

이것 만은 **꼭** 기억하자!

> **(2그룹)에서!**
> **명사**로 도울 때는 반드시 명사 앞에 **전치사**를!
> - (P + N)
>
> **동사**로 도울 때는 반드시 동사 앞이나 뒤에 연결어를!
> - (to + V) / (V + ing) / (V + ed)
> - [관계대명사 + V] / [접속사 + N + V]

마지막으로 다음 영문들을 인지원리에 따라 분석하고, 2그룹이 1그룹을 향하여 명사로 돕는지 동사로 돕는지 설명해보자.

This man is my chosen instrument to carry my name before the gentiles.

The LORD fulfilled his word spoken by Jeremiah.

---

2   김준기, 앞의 책, 101쪽.

After Jesus was born, Magi from the east came to Jerusalem.

앞으로 등장하는 모든 영문들의 분석과 2그룹에 관련된 설명은 다음과 같이 하면 된다.

This man *is* *my chosen instrument* (to carry my name) (before the gentiles).
- 동사로 도움 / to+V (to carry my name)
- 명사로 도움 / P+N (before the gentiles)

The LORD *fulfilled* *his word* (spoken) (by Jeremiah).
- 동사로 도움 / V+ed (spoken)
- 명사로 도움 / P+N (by Jeremiah)

[After Jesus was born], *Magi* (from the east) *came* (to Jerusalem).
- 동사로 도움 / 접속사+주어+동사 [After Jesus was born]
- 명사로 도움 / P+N (from the east)
- 명사로 도움 / P+N (to Jerusalem)

---

01. He is positive toward his future.

02. She is swimming in the pool like a fish after dinner to take exercise.

03. After Jesus had said that, he went on ahead, going up to Jerusalem.

04. The dog ran fast to the boy across the street, barking at him.

05. The water I give him will become in him a spring of water welling up to eternal life.

06. It is nice to have friends you can rely on when you need help.

07. That those who help the poor are happy is known.

08. She painted on the cloth that was used for making covers for farm machines.

09. A sentence that does not conjoin is hard to understand.

10. After sunset, all who had friends who had been sick with various diseases brought them to Jesus.

11. This point became piercingly clear to me in 1996, when I was having dinner with a group of level 5 leaders gathered for a discussion about organizational performance.

12. Our senses, by an almost mechanical effect, are passive to the impression of an outward object, whether agreeable or offensive, but the mind, possessed of a self-directing power, may turn its attention to whatever it thinks proper.

제04장

전치사는 모두 주관적

여기까지 읽었다면 영문법 정복은 이미 코앞에 와있는 것과 다름 없다. 조금만 더 힘을 내기 바란다. 영어는 1그룹과 2그룹으로 나누어 보아야만 제대로 인지할 수 있고, 1그룹은 '하다동사 꼴'이 아니면 '이다동사 꼴' 두 종류밖에 없다는 것을 배웠다. 그리고 2그룹은 1그룹을 도와주러 다니는데, 명사로 돕거나 동사로 돕거나 둘 중 하나라는 것을 알았다. 명사로 도울 때는 '전치사구(P+N)'로, 동사로 도울 때는 'To부정사구(to+V)', '현재분사구(V+ing)', '과거분사구(V+ed)', '관계사절[관+V]', 그리고 '접속사절[접+N+V]'로 도와주러 다닌다.

그리고 영어 문장이 길어지는 이유가 2그룹때문이라는 것도 알았다. 그런데, 2그룹 중에서 특히 문장을 길게 만드는 주범이 있는데 무엇인지 아는가?

> 문장을 길게 만드는 주범은 바로 '전치사구(P+N)'다.

'전치시구(P+N)'는 명사 앞에 전치사만 갔다 붙이면 된다. 쉽다는 말이다. 꼭 말하고 싶은 '명사'가 정해지면, 적절한 전치사를 하나 골라서 그 명사 앞에 붙여 장소·방법·시간·이유 등을 설명하러 돌아 다니면 된다. 그래서 문장 속에서 2그룹을 구사하며 '(P+N) (P+N) (P+N) (P+N) (P+N) ……' 이런 식으로 계속 갔다 붙이면 된다. 이제 전치사마저 마스터하게 되면 사실상 영문법을 거의 끝낸 것과 다름 없다. 이 정도만 알아도 미국에서 먹고 사는 데 아무 불편이 없을 것이고, 대학교나 대학원에서 공부하고, 과제를 제출하고, 서평을 쓰고, 수업시간에 발표를 하고, 심지어 논문을 쓰는데도 크게 지장이 없을 것이다. 이것은 필자의 경험에서 우러나오는 진심 어린 말이다. 다시 한 번 강조한다.

자! 이제 전치사를 마스터할 준비가 되었는가?

전치사(Preposition)란 명사 또는 대명사 앞에 놓여 다른 품사와의 관계를 만드는 연결어의 하나를 말한다. 명사 앞(Pre)에 위치(Position)하는 품사라는 말이다. 다시 말해, 전치사 뒤에는 반드시 명사가 와야 한다는 말이다. 따라서 전치사는 반드시 '전치사구(P+N)'의 모습으로 문장 중에 돌아 다녀야만 한다. 이 말은 전치사는 결코 단독으로 쓰이지 않는다는 말이다. 이때, 전치사 뒤에 나오는 명사를 가리켜 전치사의 목적어라 하며, 전치사 뒤에 나오는 대명사는 반드시 목적격(me, him, her, it, them, us)으로 만들어 주어야 한다.

전치사의 의미와 용법을 잘 정리해 놓은 이기동의 '영어 전치사 연구'에서 소개되는 대표 전치사 중 29개의 전치사를 골라 예문 한 개씩 살펴 보도록 하겠다. 영미 사람들이 하루에 가장 많이 사용하는 전치사들이라 할 수 있다. 전치사의 알파벳 순서로 배치해 보았다.

- (There) _is something_ (**about him**) [that I don't like].
  그에게는 내가 좋아하지 않는 무엇인가가 있다.
- (There) _is a waterfall_ (**above** the **bridge**).
  다리 위쪽에 폭포가 있다.
- _He swam_ (**across** the **river**).
  그는 강을 가로질러 헤엄쳐갔다.
- _We will see you_ (again) (**after** the **holidays**).
  우리는 공휴일이 지나면 다시 당신을 뵙겠습니다.
- _No ship could sail_ (**against** the **wind**) [that moved her].
  어떤 배도 그것을 움직이는 바람을 거슬러 항해할 수 없었다.
- (There) _is danger_ (**ahead of** the **road**).
  길 앞에 위험이 있다.
- _The river runs_ (**along** the **valley**).
  그 강은 계곡을 따라 흐른다.
- _The earth goes_ (**around** the **sun**).

지구는 태양 주위를 돈다.

- *We will meet* (**at** the ***corner***) (of the road).
  우리는 길 모퉁이에서 만날 것이다.

- *I finished work* (**before** ***dinner***).
  나는 저녁 먹기 전에 일을 마쳤다.

- *The village lies* (**behind** the ***hill***).
  그 마을은 산 너머에 있다.

- *We keep our wine* (**below** the ***ground***).
  우리는 땅 속에 포도주를 보관한다.

- (There) *is a ditch* (**beneath** the ***church wall***).
  교회 담 밑에 도랑이 있다.

- *The ship disappeared* (**beyond** the ***horizon***).
  그 배는 수평선 너머로 사라졌다.

- *The train goes* (**by** ***electricity***).
  그 열차는 전기의 힘으로 간다.

- *We rolled the ball* (**down** the ***hill***).
  우리는 공을 언덕 아래로 굴렸다.

- *They shouted* (for ***joy***) [when they heard the news].
  그들은 그 소식을 들었을 때 기뻐서 환호성을 질렀다.

- *The school is* (far) (**from** his ***house***).
  그 학교는 그의 집에서 멀리 떨어져 있다.

- *They study* (**in** the ***library***).
  그들은 그 도서관에서 공부한다.

- *The river ran* (**into** the ***sea***).
  그 강은 바다로 흘러 들었다.

- (At the corner) (**of** the ***street***), (there) *is a lamp*.
  길 모퉁이에 램프 하나가 있다.

- *The wheels were* (**off** the ***car***).
  바퀴가 차에서 떨어져 있다.

- *The shop is* (**on** the main ***square***).

그 가게는 광장에 접해있다.

- *She spread a cloth* (**over** the ***table***).
  그녀는 식탁 위에 보를 덮었다.
- *The stone went* (**through** the ***window***).
  그 돌은 유리창을 뚫고 지나갔다.
- *He stood* (with his back) (**to** the ***wall***).
  그는 등을 벽 쪽으로 돌리고 서 있었다.
- *The baby birds went* (**under** the ***shadow***) (of their mother's open wings).
  아기 새들은 엄마 새가 펼친 날개의 그늘 아래로 들어갔다.
- *The fireman climbed* (**up** the ***chimney***).
  그 소방대원이 굴뚝 위로 기어올라 갔다.
- *Their children stayed* (**with** ***us***) [while they were (on vacation)].
  그들이 휴가 중일 때 그들의 아이들은 우리와 함께 있었다.

이상 29개의 영문에서 무엇이 보이는가?

전치사 뒤에는 반드시 명사가 온다는 것이 보여야 한다. 다시 말해, 초록색으로 표시된 2그룹에서 명사가 나오면 반드시 전치사를 붙여야 된다는 말이다. 쉽지 않은가? 2그룹에서 명사를 사용하려면 반드시 전치사 하나를 붙여 줘야만 한다. 당연한 것을 왜 이렇게 자꾸만 얘기하나 싶을 것이다. 이 부분이 한국 사람들이 가장 많이 틀리는 부분이기 때문이다.

필자가 미국 대학에서 3년 동안 조교를 하는 동안 한국 대학원생들이 제출하는 서평이나 소논문 등의 과제물을 채점하면서 분명히 알게 된 것이 하나 있다. 너무나 많은 학생들이 2그룹에서 명사를 사용할 때 전치사를 사용하지 않는다는 것이다. 그렇게 얘기를 하고 강조를 해도, 결국 명사 앞에 전치사를 빼 먹는다. 또는 전치사 뒤에 명사를 쓰지 않는다. 따라서 2그룹에서 명사 앞에 전치사를 빼먹지 않고 집어 넣는다는 것만으로도 상당한 실력자라 할 수 있다고 누누이 말해 두는 바이다.

29개의 주요 전치사를 사용하는 위 예문에서 매우 중요한 점을 하나 더 짚어보자. 전치사는 주관적으로 사용된다는 점이다. 꼭 그 전치사만 쓰라는 법이 없다. 보는 사람의 위치와 심정과 상황에 따라 다르게 보이고 다르게 느낄 수 있다.

전치사는 주관적이다.

다음과 같이 말이다.

아래 문장들을 살펴 보고 앞의 29의 전치사 사용 예문들과 비교해보라.

(There) *is something* (**with** *him*) [that I don't like].

(There) *is a waterfall* (**behind** the *bridge*).

He swam (**in** the *river*).

We will see you (again) (**before** the *holidays*).

No ship could sail (**without** the *wind*) [that moved her].

(There) *is danger* (**on** the *road*).

The river runs (**beyond** the *valley*).

The earth goes (**near** the *sun*).

We will meet (**near** the *corner*) (of the road).

I finished work (**until** *dinner*).

The village lies (**in front of** the *hill*).

We keep our wine (**under** the *ground*).

(There) *is a ditch* (**under** the *church wall*).

The ship disappeared (**off** the *horizon*).

The train goes (**because of** *electricity*).

We rolled the ball (**up** the *hill*).

They shouted (**with** *joy*) [when they heard the news].

The school is (far) (**near** his *house*).

They study (**outside** the *library*).

The river ran (**toward** the *sea*).

(At the corner) (**in** the *street*), (there) *is a lamp*.

The wheels were (**on** the *car*).

The shop is (**in** the main *square*).

She spread a cloth (**on** the *table*).

The stone went (**beside** the *window*).

He stood (with his back) (**against** the ***wall***).

The baby birds went (**in** the ***shadow***) (of their mother's open wings).

The fireman climbed (**down** the ***chimney***).

Their children stayed (**near us**) [while they were (on vacation)].

무슨 차이를 발견했는가? 전치사가 다른 것으로 모두 바뀌었다.

꼭 그 전치사만 쓰라는 법이 없다고 했다. 이 말은 틀릴까 봐 두려워할 필요가 없다는 말이다. 명사 앞에 전치사를 안 쓰는 것이 틀린 영어이지, 전치사의 의미와 용법을 잘 모르더라도 우선 아무 전치사라도 좋으니 명사 앞에 갖다 붙이면 적어도 틀리지는 않는다는 말이다. 전치사는 주관적이기 때문이다. 내가 그렇게 인지한다면 아무도 뭐라 할 수 없는 것이다. 주관적이라는 말은 어느 전치사를 사용해도 틀리지 않는다는 말이다. 주관적이기 때문이다.

아래 영문들 중에 어느 것이 옳은 표현인가?

Baptism *in* the Holy Spirit 성령 안에서 세례

Baptism *by* the Holy Spirit 성령에 의해서 세례

Baptism *with* the Holy Spirit 성령과 함께 세례

분명히 말할 수 있는 것은 어느 것도 틀리지 않았다는 것이다. 주관적이기 때문이다. 히브리어 전치사 중에 'ב(베)'라는 전치사가 있다. 이 전치사는 영어의 in, by, with 라는 의미 모두 갖고 있다. 문맥에 따라 in, by, with 중에서 골라서 이해하면 그만이다. 즉 전치사는 주관적이라는 것을 설명하는 매우 좋은 예이다. 성령 안에서 세례를 받는 것, 성령에 의해서 세례를 받는 것, 그리고 성령과 함께 세례를 받는 것은 결국 다 같은 의미일지 모른다.

영어의 전치사도 이 전에는 이렇게 많지 않았다. 전치사 몇 개만으로 주관적으로 적용하면서 표현했다. 그런데 점점 경험이 쌓이고 표현이 늘어나고 상황이 복잡해지면서 전치사의 종류도 많아진 것이다. 영어발달사를 연구한 Pyles에 따르면 영어 전치사의 수효는 중세 말부터 급속도로 증가하였다고 한다.[1]

다음 영문 중 어느 것이 옳은 표현인가?

I have the key *to* the lock. 방향

I have the key *of* the lock. 소속

I have the key *for* the lock. 목적

이제 눈치를 챘을 법하다. 모두 다 맞는 문장이다. 어느 것도 틀렸다고 말할 수 없다. 전치사는 주관적이기 때문이다.

정리해보자! 두 가지만 기억하면 된다. 2그룹에서 명사를 사용 할 때 반드시 전치사를 붙여야 한다는 것과 그때 사용되는 전치사는 주관적이라는 것이다.

그런데 명사 없이 전치사만 홀로 덩그러니 나온 영어 문장들을 가끔 보기도 한다. 아래 영문들을 보자.

He has no pencil to write *with*.

The drivers slow *down* when they see children.

The dog walked *from* under the big tree.

이러한 문장들을 볼 때 불안해 할 것 없다. 전치사 뒤에 명사가 생략되었을 뿐이다. 아니면 모양새는 같으나 전치사가 아닌 부사로 사용된 것이다. 이것도 아니면, 이중전치사로서 두 개의 전치사가 사용된 것이다.

명사생략　　He has no pencil to write (with -).

부사로 사용　　The drivers slow (down) when they see children.

이중전치사　　The dog came out (from under the table).

이 책을 여기까지 읽은 사람이라면 이미 상당한 실력자다. 전치사는 1그룹 재료가 아니라, 2그룹 재료라는 것을 아는 것 만으로도 이미 상당한 실력자라는 것을 증명하기에 충분하다. 그러면 이제 2그룹에서 전치사를 꼭 붙여서 다니는 이유가 무엇인지 생각해보자.

1　　Thomas Pyles, John Algeo, 박의재 역, 『영어의 발달사』 (서울: 한신문화사, 1996), p. 261.

전치사의 사명은 무엇인가?

> 전치사의 사명은 '전치사구(P+N)'를 만들어
> 1그룹을 도우려 마구 돌아 다니는 것이다.

전치사는 반드시 어떤 명사 앞에 등장해서 '전치사구(P+N)'를 만들어, 문장 중에 다른 품사를 향해 가면서 주로 장소, 방법, 시간, 이유를 설명한다. 이기동은 '영어 전치사 연구'에서 각 전치사의 종류와 용법을 설명할 때, 장소, 방법, 시간, 이유를 중심으로 설명한다. 송성문의 '성문종합영어'에서도 그렇고, 류진의 '영어구문론'에서도 마찬가지다. 전치사는 명사를 매달고 장소·방법·시간·이유를 설명하려고 1그룹을 찾아 다닌다. 2그룹의 '전치사구(P+N)'가 1그룹을 향해 가면서 장소·방법·시간·이유를 설명하는 예문을 위 책들에서 선별하여 정리해보겠다.

Where (장소/위치/공간)

This is the road **to Busan**.

They arrived **at Kimpo**.

The train is **for Busan**.

I saw him go **into the room**.

He lives **in Seoul**.

There is a fly **on the ceiling**.

The moon has risen **above the horizon**.

The branches spread **over the roof**.

The ship sank **beneath the water**.

The sun sank **below the horizon**.

He came **out of the room**.

The trees are planted **along the street**.

Take care when you go **across the street**.

Who is the man **behind the tree**?

The Pacific Ocean lies **between Korea and America**.

How (방법/수단/재료)

With an eye bandaged, he could not write properly.

Through books and pictures we learn much about other countries.

He hit me **on the head**.

I will let you know the result **by telephone**.

I will go **by train**.

He climbed up the roof **by means of ladder**.

We are not **at peace** now.

He had a lecture **on English verbs**.

The poor beggar was frozen **to death**.

Translate the following **into Korean**.

She takes **after her mother**.

He comes **from London**.

Wine is made **from grapes**.

This bridge is built **of wood**.

This is a statue **in marble**.

When (시간/때)

I will come back **in a few days**.

He passed away **on the third of May**.

At the age of six we could read well.

He will be back **within three days**.

I will be back **by six**.

I finished the work **before dinner**.

He came back **after a few days**.

Three weeks **from today** is summer vacation.

I will be here **till six**.

They work **from morning till night**.

He lived **from 1756 to 1830**.

He has lived in Seoul **for ten years**.

During the night the rain changed to snow.

I remained in town **through the summer**.

I have been ill **since last Sunday**.

Why (이유/목적/원인)

He suffered **from cholera**.

He was taken ill **from overwork**.

He lost his position **through his idleness**.

Many people died **of typhoid fevers**.

He was surprised **at the sight**.

He was imprisoned **on suspicion**.

He resigned **on the ground of health**.

He stayed in London **on business**.

I said this **out of kindness**.

She wept **over his death**.

He has long been sick **with fever**.

She is pleased **with my present**.

This table is **for sale**.

I could not speak **for fear**.

He gave me his camera **for my gold watch**.

　장소(Where)·방법(How)·시간(When)·이유(Why)를 설명해 내기 위해 2그룹을 이끌고 1 그룹을 향해 달려 오는 '전치사구(P+N)'를 살펴보았다. 이때, 1그룹은 주로 '누가(Who)' 와 '무엇(What)'을 설명한다. '하다동사'일 때는 '누가 무엇을 하다'를 말하고, '이다동사' 일 때는 '누가 무엇이다'를 말한다.

　보이는가? 여기에 소위 육하원칙이 다 설명되고 있다. 우리는 국어시간에 육하원칙에 따른 글쓰기를 배워왔다. 영어 단어의 머리글자를 따서 '5W1H'라고도 한다. 육하원칙은 기사문에 반드시 들어가야 할 여섯 가지 요소를 말한다. 그 순서는 다음과 같다.

> 누가, 언제, 어디서, 무엇을, 어떻게, 왜!

> 그런데 영어로 하면, 순서를 이렇게 해야 한다.
> WHO, WHAT, WHERE, HOW, WHEN, WHY!

육하원칙에 관한 다음의 도식을 보자!

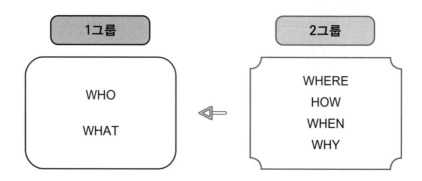

더 이상의 설명은 필요 없을 것이다. 위 도식의 깊은 뜻이 이해가 된다면 이미 상당한 영어 실력자임에 틀림이 없다. 어떤 방식으로 영어를 구사할지 머리에 그림이 그려지는 사람이기 때문이다.

전치사를 의미와 용법에 맞게, 그리고 문화와 시대에 맞게 쓰는 것도 중요하지만, 더 중요한 것이 있다.

2그룹에서 명사를 사용하려 할 때, 뭐라도 좋으니 꼭 전치사를 붙여라! 아무 전치사라도 좋으니 뭐든 꼭 붙이는 연습을 하고, 차차 정확한 전치사 표현을 찾아가면 된다. 뒤에 〈부록〉을 추가해두었다. 〈부록〉에 나오는 전치사들 중 뭐라도 좋으니, 꼭 붙여만 달라! 그러면 결코 틀릴 일은 없다. 영어는 틀리는 게 기적이다.

전치사를 익숙하게 사용하려면 〈부록〉과 같이 그림으로 배우는 학습을 추천한다.

〈부록〉에 나오는 그림을 여러 번 반복하여 그려보자. 미국 사람들이 하루에 가장 많이 사용하고 있는 전치사들이다. 그림을 통하여 전치사들을 익숙하게 만든 다음 그 전치사들 뒤에 명사를 붙여보자. 그러는 동안 자신도 모른 채 영어 문장이 점점 길어지는 것을 체험하게 될 것이다.

'무슨 전치사를 써야 하나?' '저 중에 용법에 맞지 않는 전치사를 고르면 어쩌나?' 이것을 두려워하지 말고, 이렇게 강조를 했음에도 불구하고 2그룹에 나온 명사 앞에 어떤 전치사도 붙이지 않는 것을 두려워하라.

about	above	against	at	by	by means of			
during	for	from	in	into	of	on	to	with

01. They went to London _____ the vacation.

02. Desks and chairs are made _____ wood.

03. I ordered the book _____ America.

04. His explanation is very much _____ the point.

05. Who is responsible _____ the accident?

06. I should like to congratulate you _____ your success.

07. I have nothing to do _____ the matter.

08. Korea is _____ the east of Asia.

09. The meeting is to begin _____ ten o'clock in the morning.

10. If they are sure to stand _____ us, they will support us.

11. She is always anxious _____ her son's health.

12. Ten men voted for the motion and two _____ it.

13. Such a difficult task was quite _____ me.

14. We discussed the matter far _____ the night.

15. Thoughts are expressed _____ words.

정답: 전치사는 주관적이므로 정해진 답이 없음

〈부록 1〉

장소

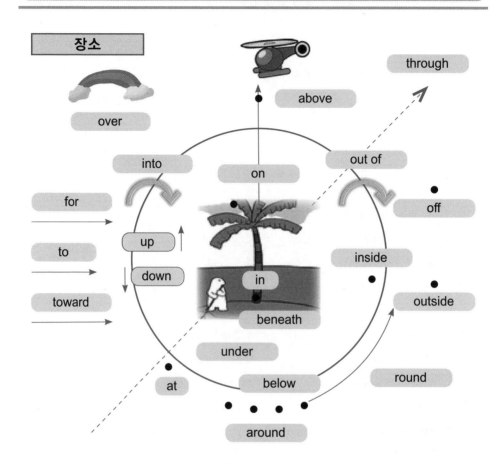

through
over
above
into
on
out of
for
off
to
up
inside
down
in
outside
toward
beneath
under
round
at
below
around

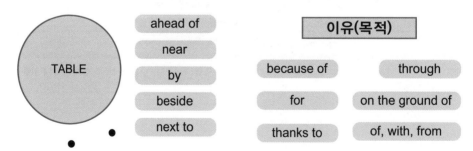

TABLE

ahead of
near
by
beside
next to

이유(목적)

because of
for
thanks to

through
on the ground of
of, with, from

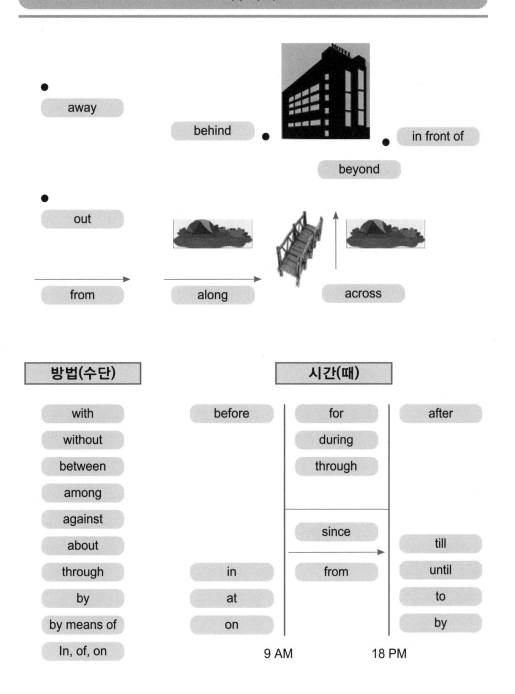

방법(수단)	시간(때)

with

without

between

among

against

about

through

by

by means of

In, of, on

before   for   after

during

through

since

till

in   from   until

at   to

on   by

9 AM   18 PM

제05장

형용사는 명사바라기

명사(Noun)란 구체적인 대상이나 추상적인 대상의 이름을 나타내는 품사로 관형어의 꾸밈을 받으며 문장 내에서 주어, 목적어, 보어, 전치사의 목적어의 역할을 한다. 명사의 종류로는 보통명사, 집합명사, 고유명사, 물질명사, 추상명사 등이 있다.

형용사(Adjective)란 사물이나 상황의 성질이나 상태를 나타내는 품사로 문장 내에서 명사를 꾸미거나 보어 역할을 하며 문장을 서술하기도 한다. 명사와 형용사에 대한 자세한 설명은 많은 문법책에 자세히 설명되어 있으니 참고 바라며, 여기서는 명사와 형용사의 만남을 집중적으로 다루어 보겠다.

명사는 형용사 때문에 구체화되고 또는 설명된다. 바꾸어 말하면, 형용사는 명사를 꾸미며 구체화 시키고 또는 명사를 자세히 설명하는 역할을 한다. 그래서 명사는 항상 형용사를 의지하며, 동시에 형용사는 항상 명사를 향해 간다. 형용사를 영어로 'Adjective' 라 하는데, 이는 'Ad(~쪽으로)'와 'Objective(물체, 목표)'의 합성어이다. 물체, 사물, 목표 쪽으로 향해 가는 품사가 형용사라는 말이다. 즉, 명사 쪽으로 향해 가는 품사를 형용사라고 하는 것이다.

형용사의 용법은 단 두 가지다. **한정적 용법과 서술적 용법!**

한정적 용법은 형용사가 명사를 꾸며 수식하는 것을 말하고, 서술적 용법은 형용사가 명사를 풀어 설명하는 것을 말한다. 여기서 형용사가 명사를 꾸민다는 말과 형용사가 명사를 풀어 설명한다는 말은 결국 같은 말이다.

다음 예문을 보자.

- There is a beautiful girl.
- The girt is beautiful.
- I found an empty cage.

- I found the cage empty.

위 문장을 인지원리에 따라 분석한 후 동사의 꼴과 형용사의 용법을 설명해보면 다음과 같다.

- (There) *is a beautiful girl*. 이다동사의 nV 꼴 (1형식)
  한정적 용법(꾸며 수식): 아름다운 소녀
- *The girl is beautiful*. 이다동사의 nVa 꼴 (2형식)
  서술적 용법(풀어 설명): 소녀가 아름답다.
- *I found an empty cage*. 하다동사의 nVn 꼴 (3형식)
  한정적 용법(꾸며 수식): 빈 새장
- *I found the cage empty*. 하다동사의 nVna 꼴 (5형식)
  서술적 용법(풀어 설명): 새장이 비어있다.

간단히 말하자면, 언어란 명사와 동사의 관계를 통해 의사소통하는 것을 말한다. 다른 말로하자면, 명사를 가지고 동사와 대화를 나누는 것이 언어다.

명사와 동사는 언어의 큰 두 축이다. 이 번 장에서는 명사 쪽을 살펴보고, 다음 장에서는 동사 쪽을 살펴볼 것이다. 여기 명사가 하나 있다.

칠판(Blackboard)!

사고해보라! → 사고가 되지 않는다.

왜 사고가 되지 않는가? → 명사는 사고하지 않기 때문이다.

그러면, 사고하는 것은 무엇인가? → 바로, 형용사이다.

형용사가 명사를 만나러 갈 때 사고가 생긴다.

다음 세 가지 이미지를 본 후에, 형용사를 가지고 사고해보자.

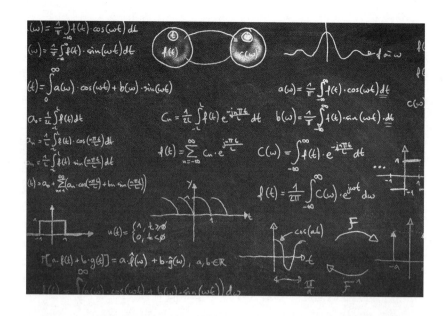

어떻게 영어를 틀리지 🔍

　이제 앞서 본 세 종류의 칠판을 생각하며, 각양의 형용사를 사용하여 '칠판'이라는 명사를 꾸며 수식하거나 풀어 설명해보자. 꾸미거나 수식하는 것을 한정적 용법이라 하고, 풀거나 설명하는 것을 서술적 용법이라 한다. 이것을 가리켜 '형용사가 명사를 만나 사고한다'고 말한다.

　먼저, 한정적 용법으로 형용사를 사용해보자. 앞의 이미지들을 생각하며 다시 사고해 보라!

- 큰 칠판
- 새 칠판
- 하얀 칠판
- 전자 칠판
- 작은 칠판
- 똑똑한 칠판
- 네모난 칠판
- 딱딱한 칠판
- 고정된 칠판
- 망가진 칠판
- 더러운 칠판
- 말하는 칠판

- 유용한 칠판
- 오래 된 칠판
- 움직이는 칠판
- 잘 써지는 칠판
- 바퀴 달린 칠판
- 1학년 3반 칠판
- 10m가 넘는 칠판
- 테두리가 있는 칠판
- 모서리가 둥근 칠판
- 전기가 연결된 칠판
- 회의실에 있는 칠판
- 벽에 붙어 있는 칠판

- 잘 지워지지 않는 칠판
- 끝이 보이지 않는 칠판
- 분필로 써야 하는 칠판
- 터치하면 작동하는 칠판
- 하늘을 날아다니는 칠판
- 많은 글씨가 쓰여진 칠판
- 큰 강의실 안에 있는 칠판
- 껐다 켰다 할 수 있는 칠판
- 수성펜으로 써야 하는 칠판
- 터치펜으로 써야 하는 칠판
- 초등학교 교실에 있는 칠판
- 대학교 강의실에 있는 칠판
- 글씨가 자동적으로 지워지는 칠판
- 대한민국의 미래가 달려있는 칠판
- 포스트잇이 여러 장 붙어있는 칠판
- 수학공식이 가득 적힌 무서운 칠판
- 청년들의 미래를 10년 앞당길 칠판
- 사람 키에 맞춰 자유자재로 조절되는 칠판
- 사다리를 타고 올라가야 쓸 수 있는 매우 큰 칠판
- 말하는 대로 글씨가 써지는 신기하고 오묘한 칠판
- 많은 대학생들에게 유용한 정보를 제공하여 그들의 꿈과 비전을 펼쳐 이 나라의 미래를 바꿀 수 있는 503호 강의실 안에 있는 매우 유용한 수성펜으로 써야만 하는 잘 지워지지 않는 아주 오래된 작은 칠판

이제 사고가 되기 시작한다. 명사만 놓고 볼 때는 전혀 사고가 되지 않았는데, 형용사를 갖다 붙이기 시작하니까 사고가 된다. 형용사가 사고하기 때문이다. 형용사를 통해 눈에 보이는 성질과 상태를 묘사하거나 창의적으로 꾸미거나 상상하여 사고할 수 있다. 한정적으로 형용사를 사용하여 명사를 사고한 것이다.

여기서 한 가지만 실험해보자. 지금까지 붙여본 형용사를 거꾸로 한 개씩 다 지워보자. 큰 칠판에서 '큰'을 지워보고, 새 칠판에서 '새'를 지워보고, 하얀 칠판에서 '하얀'을 지워보자. 끝까지 다 지워보자. 형용사를 다 지워보니, 뭐가 남는가?

Nothing!

명사를 수식하고 있는 형용사를 다 빼니, 그 명사는 사라진다. 우리가 인지하고 사고에 남아 있던 칠판이라는 명사는 전부 형용사 덩어리들이었던 것이다. 형용사를 다 빼고 나니, 명사라는 실체는 사라지고 만 것이다. 네모난 칠판인지, 벽에 붙은 칠판인지, 낡은 칠판인지, 전자 칠판인지 형용사를 모두 다 삭제하고 나니 칠판 자체는 그 어떤 모양과 성능과 성질과 상태를 갖지 못한다.

식탁에 놓여 있는, 누군가 한 입 베어 물은, 먹음직스러운, 빨간 사과를 상상해보라.

그리고 그 형용사들을 전부 다 지워보라. 그 순간 사과는 사라지고 만다.

> **명사를 인지하는 것은 형용사 덩어리들이다.**

이어서, 서술적 용법으로 형용사를 사용해보자. 형용사가 명사를 '풀어서 설명'하면
된다. '큰 칠판'은 크다는 형용사가 칠판이라는 명사를 꾸며 수식하는 것이고, '칠판이
크다'는 크다는 형용사가 칠판이라는 명사를 풀어 설명하는 것이다.

- 칠판이 크다.
- 칠판이 벽에 붙어 있다.
- 칠판이 오래돼서 더럽다.
- 칠판이 낡아서 잘 써지지 않는다.

- 칠판이 전기에 연결되어 있어서 껐다
  켰다 할 수 있다.
- 저 칠판은 503호 강의실 안에 있는 매
  우 오래된 칠판이다.
- 503호에 있는 홍교수의 칠판은 끝이
  보이지 않을 정도로 매우 크다.

이런 식으로 형용사를 풀어 설명하면서 서술적으로 사용할 수도 있다.

풀어서 사용하는 서술적 용법의 형용사는 주로 '이다동사의 nVa 꼴(2형식)' 문장에 사
용되며, 주어 자리에 있는 명사의 상태·기분·감정·판단·평가를 설명(서술·기술·묘사)한
다. 이때, 풀어서 사용하는 형용사를 '보어(Complement)'라고 한다. 당연히 형용사 보어
를 말한다.[1]

이제 형용사의 위치를 살펴보고자 한다.

먼저, 한정적 용법의 형용사의 위치를 생각해보자.

한정한다는 말은 범위를 좁히고 제한한다는 의미다. 한정적 용법을 다른 말로 제한적
용법이라고도 한다. 한정적 용법의 형용사란 명사를 꾸미거나 수식하는 형용사를 말한
다. 따라서 명사를 수식하는 모든 품사는 당연히 형용사가 된다. 즉 관사(a, the)도 결국
형용사라 할 수 있다. 명사를 수식하기(향해 가기) 때문이다. 명사를 향해 날아 오는 모
든 언어재료는 형용사가 될 수 있다.

---

1 참고로, 보어는 '명사보어'와 '형용사보어' 두 개가 있다. 명사보어는 '이다동사의 nVn 꼴(2형식)' 문장
  에 사용되면서, 주어의 정체, 동격, 본질, 신분, 자격을 설명한다.

한정적 용법(꾸며 수식)으로 사용되는 형용사는 수식하고자 하는 명사의 왼쪽 또는 오른쪽에 위치한다. 이때, 짧은 말 형용사는 주로 명사 왼쪽에서 수식하고 긴 말 형용사는 명사 오른쪽에서 수식한다.

형용사(짧은 말) → 명사 ← **형용사**(긴 말)

명사 왼쪽에 나오는 짧은 말 형용사는 주로 한 단어로 된 단독 형용사(old, good, pretty 등)를 말하며, 명사 오른쪽에 나오는 긴 말 형용사는 2그룹 출신으로 '(P+N), (to+V), (V+ing), (V+ed), [관+V], [접+N+V]' 이런 식으로 만들어진 형용사(on the table, to win, running, spoken)를 말한다. 긴 말 형용사를 형용사구((P+N), (to+V), (V+ing), (V+ed)) 또는 형용사절([관+V], [접+N+V])이라고도 한다.

예를 들어 보자.
짧은 말 형용사는 다음과 같다.

- old man
- honest people
- smart boy
- pretty birds
- good students

- warm weather
- green trees
- black dog
- gold watch
- many books

긴 말 형용사는 다음과 같다.
비교해보기 위해 '짧은 말 형용사 – 명사 – 긴 말 형용사'의 예를 보도록 하겠다.

- black hat (of mine)
  <u>나의</u> 검정 모자
- that book (of yours)
  <u>너의</u> 그 책
- pretty girl (at the window)
  <u>창가에 있는</u> 예쁜 소녀

- small book (on the table)

  <u>식탁 위에 있는</u> 작은 책
- perfect plan (to win the game)

  <u>그 경기에 이길</u> 완벽한 계획
- white dog (running) (along the beach)

  <u>바닷가를 따라 달리던</u> 하얀 개
- the word (spoken) (by Jeremiah)

  <u>예레미야에 의해 약속 된</u> 그 말씀
- good friends [who believed (in me)]

  <u>나를 믿어주었던</u> 좋은 친구들
- 7 ways [how Jesus speaks (to his disciples)]

  <u>예수님께서 그의 제자들에게 말씀하시던</u> 일곱 가지 방식
- one reason [why Jesus came (to the earth)]

  <u>예수님께서 이 땅에 오신</u> 한 가지 이유

이어서, 서술적 용법의 형용사의 위치를 알아보자.

서술적 용법(풀어 설명)으로 사용되는 형용사는 '이다동사' 오른쪽에 나와서 주어(명사)의 상태나 감정을 표현한다. 따라서, '이다동사'가 나오면, 항상 그 뒤에 형용사를 쓸 준비를 해 두는 것이 좋다. '이다동사' 오른쪽에 한 단어로 된 짧은 단독 형용사(old, smart, pretty 등)가 올 수 있다.

- He is *old*.
- The boy is very *smart*.
- The girl at the window is *pretty*.
- The boy on the horse is *healthy*.
- Life is *short*, but art is *long*.
- I am *afraid* of the dog.
- The book is *worth* reading.

그리고 2그룹 재료들((P+N), (to+V), (V+ing), (V+ed), [관+V], [접+N+V])이 '이다동사'의

오른쪽에 긴 말 형용사로 올 수 있다.

- This book is (*above me*).
  내 수준 위인(내가 읽을 만한 수준이 아닌) 상태
- They are (*in school*).
  수업 중인 상태
- The kingdom (of heaven) is (*like treasure*) (hidden) (in a field).
  밭에 감춰진 보물 같은 상태
- He is (*to arrive*) (home) (before midnight).
  도착할 예정인 상태 / Be+to용법(Be+to+V)
- That movie is (*exciting*) (to him).
  흥미진진한 상태 / 현재진행시제(Be+ing)
- My father is very (*interested*) (in the new car).
  관심 있는 상태 / 수동태(Be+p.p)
- Jonah is (*to eat the big fish*).
  큰 물고기를 먹을 예정인 상태 / Be+to용법(Be+to+V)
- Jonah is (*eating the big fish*).
  큰 물고기를 먹고 있는 상태 / 현재진행시제(Be+ing)
- Jonah is (*eaten*) (by the big fish).
  큰 물고기한테 잡아 먹힌 상태 / 수동태(Be+p.p)
  + 참고: The big fish was (*eaten*) (by Jonah).

서술적 용법의 형용사는 소위 5형식 문장(이다동사의 nVna 꼴)의 목적 보어로 사용되면서 목적어를 자세히 설명하기도 한다.

- He made her *happy*. 그녀를 행복하게
- We painted the door *white*. 그 문을 하얗게
- I know the book (*beyond me*). 그 책이 나와 상관 없다는 것을
- He knew her (*to leave*) soon. 그녀가 곧 떠날 거라는 것을
- I saw them (*running*). 그들이 달리고 있는 것을

• She found them (*tired*). 그들이 피곤하다는 것을

이런 방식으로!

명사와 형용사는 운명적으로 만난다. 해바라기가 해만 따라다니듯이 형용사는 명사만 따라다닌다. 그래서,

> 형용사는 명사바라기다.

명사는 스스로 사고 하지 않고, 항상 형용사가 명사를 수식하거나 설명하면서 사고한다. 형용사는 명사만을 위해 존재하고, 명사만 바라보고 명사만을 따라다닌다. 형용사는 한정적 용법(꾸며 수식하기)과 서술적 용법(풀어 설명하기), 두 가지로만 사용된다.

01. The boy looks healthy.

02. The dinner smelt delicious.

03. My story may sound strange, nevertheless it is true.

04. The girl with black eyes is my sister.

05. I know the man who is next to her.

06. I received a letter written in Russian.

07. She is the girl from whom I borrowed this story book.

08. That was the man who wanted to see you.

09. They are the students whom I teach English.

10. This is the city where we live.

11. The boy running on the track is my brother.

12. The word of God spoken by Jeremiah was fulfilled.

13. The kingdom of heaven is like treasure hidden in a field.

14. He was born on the day when his father died.

15. The water I give him will become in him a spring of water welling up to eternal life.

제06장

부사는 동사바라기

Abnormally	Busily	Defiantly	Fatally	Healthily
Absentmindedly	Calmly	Deliberately	Ferociously	Heavily
Accidentally	Carefully	Delightfully	Fervently	Helpfully
Actually	Carelessly	Diligently	Fiercely	Helplessly
Adventurously	Cautiously	Dimly	Fondly	Highly
Afterward	Certainly	Doubtfully	Foolishly	Honestly
Almost	Cheerfully	Dreamily	Fortunately	Hopelessly
Always	Clearly	Easily	Frankly	Hourly
Annually	Cleverly	Elegantly	Frantically	Hungrily
Anxiously	Closely	Energetically	Freely	Immediately
Arrogantly	Coaxingly	Enormously	Frenetically	Innocently
Awkwardly	Colorfully	Enthusiastically	Frightfully	Inquisitively
Bashfully	Commonly	Equally	Fully	Instantly
Beautifully	Continually	Especially	Furiously	Intensely
Bitterly	Coolly	Even	Generally	Intently
Bleakly	Correctly	Evenly	Generously	Interestingly
Blindly	Courageously	Eventually	Gently	Inwardly
Blissfully	Crossly	Exactly	Gladly	Irritably
Boastfully	Cruelly	Excitedly	Gleefully	Jaggedly
Boldly	Curiously	Extremely	Gracefully	Jealously
Bravely	Daily	Fairly	Gratefully	Jovially
Briefly	Daintily	Faithfully	Greatly	Joyfully
Brightly	Dearly	Famously	Greedily	Joyously
Briskly	Deceivingly	Far	Happily	Jubilantly
Broadly	Deeply	Fast	Hastily	Judgmentally

Justly	Meaningfully	Potentially	Seemingly	Thoughtfully
Keenly	Mechanically	Powerfully	Seldom	Tightly
Kiddingly	Merrily	Promptly	Selfishly	Tomorrow
Kindheartedly	Miserably	Properly	Separately	Too
Kindly	Mockingly	Punctually	Seriously	Tremendously
Knavishly	Monthly	Quaintly	Shakily	Triumphantly
Knowingly	More	Queasily	Sharply	Truly
Knowledgeably	Mortally	Queerly	Sheepishly	Truthfully
Kookily	Mostly	Questionably	Shrilly	Ultimately
Lazily	Mysteriously	Quicker	Shyly	Unabashedly
Less	Nearly	Quickly	Silently	Unaccountably
Lightly	Neatly	Quietly	Sleepily	Unbearably
Likely	Nervously	Quirkily	Slowly	Unethically
Limply	Never	Quizzically	Smoothly	Unexpectedly
Lively	Nicely	Randomly	Softly	Unfortunately
Loftily	Noisily	Rapidly	Solemnly	Unimpressively
Longingly	Not	Rarely	Solidly	Unnaturally
Loosely	Obediently	Readily	Sometimes	Unnecessarily
Loudly	Obnoxiously	Really	Soon	Upbeat
Lovingly	Oddly	Reassuringly	Speedily	Upright
Loyally	Offensively	Recklessly	Stealthily	Upside--down
Madly	Officially	Regularly	Sternly	Upward
Majestically	Often	Reluctantly	Strictly	Urgently
Meaningfully	Only	Repeatedly	Successfully	Usefully
Mechanically	Openly	Reproachfully	Suddenly	Uselessly
Merrily	Optimistically	Restfully	Supposedly	Usually
Miserably	Overconfidently	Righteously	Surprisingly	Utterly
Mockingly	Painfully	Rightfully	Suspiciously	Vacantly
Monthly	Partially	Rigidly	Sweetly	Vaguely
More	Patiently	Roughly	Swiftly	Vainly
Mortally	Perfectly	Rudely	Sympathetically	Valiantly
Mostly	Physically	Safely	Tenderly	Vastly
Mysteriously	Playfully	Scarcely	Tensely	Verbally
Naturally	Politely	Scarily	Terribly	Very
Madly	Poorly	Searchingly	Thankfully	Viciously
Majestically	Positively	Sedately	Thoroughly	Victoriously

Violently	Wearily	Willfully	Wrongly	Yieldingly
Vivaciously	Well	Wisely	Yawningly	Youthfully
Voluntarily	Wetly	Woefully	Yearly	Zealously
Warmly	Wholly	Wonderfully	Yearningly	
Weakly	Wildly	Worriedly	Yesterday	

영어의 *부사*들이다. 위에 있는 것만 해도 300개는 족히 넘을 것이다. 이 부사들은 전부 동사를 향해 달려 가려 한다. 동사를 보다 더 잘 말해보고자 하는 영어라는 언어의 노력이 보이는가? 그래서 부사가 이렇게 많아진 것이다. 동사 한번 잘 말해보려고 이렇게 노력하다 보니 부사가 이렇게 많아진 것이다.

위에서 본 부사들은 사전에 원래부터 있던 단독 부사들이다. 이 외에도 전치사구, 동사구, 동사절을 사용해 만들어진 부사들도 엄청 많다. 이 모든 부사들은 동사를 향해 가며 동사에게 봉사한다. 결국 언어란 동사 한 번 잘 말해보고자 하는 시도다.

동사(Verb)란 사람이나 사물의 동작이나 상태를 나타내는 품사를 말한다. 동사의 종류는 동작을 나타내는 '하다동사'와 상태를 나타내는 '이다동사' 두 개뿐이다. 이는 앞선 제2장에서 자세히 살펴보았다. 이번 장에서는 동사와 운명적으로 만나 동사의 동작이나 상태를 보다 자세하고 구체적으로 설명해 주는 부사를 집중적으로 살펴보겠다.

부사(Adverb)란 동사의 동작이나 상태를 보다 자세하고 구체적으로 설명해주는 품사다. 뿐만 아니라 부사는 형용사를 구체적으로 설명해 주기도 하고 다른 부사를 보다 더 객관적으로 설명해 주기도 한다. 정리하자면, 부사는 동사, 형용사, 또 다른 부사를 보다 자세히 설명한다. '부사'라는 말은 원래 한국어로 '부형용사' 였다. '형용'을 빼고 간편히 '부사'로 불리게 된 것이다.

마찬가지다. 동사와 부사에 대한 자세한 설명은 많은 문법책에 자세히 설명되어 있으니 참고 바라며, 여기서는 동사와 부사의 만남, 형용사와 부사의 만남, 그리고 부사와 부사의 만남(주관적 부사와 객관적 부사의 만남)을 집중적으로 다루어 보겠다.

동사는 부사 때문에 구체화되고 또는 자세히 설명된다. 바꾸어 말하면, 부사는 동사를 자세히 설명하는 역할을 한다. 그래서 동사는 항상 부사를 의지하며, 동시에 부사는 항상 동사를 향해 간다. 부사를 영어로 'Adverb'라 하는데 무슨 뜻인지 이미 파악했을 듯하다. 'Ad(~쪽으로)'와 'Verb(동사)'의 합성어이다. 동사 쪽으로 향해 가는 품사를 부사라고 한다.

앞장에서 명사와 형용사의 만남 때를 기억해보자. 명사는 혼자서 사고하지 못한다. 형용사만 사고하기 때문이다. 형용사가 명사를 향해 달려가 만나 줄 때만 사고할 수 있게 된다. 동사와 부사와의 관계도 마찬가지다. 여기 동사가 하나 있다.

춤추다(Dance)!

사고해보라! → 사고가 되지 않는다.

왜 사고가 되지 않는가? → 동사는 사고하지 않기 때문이다.

그러면, 사고하는 것은 무엇인가? → 사고하는 것은 바로 부사다.

부사가 동사를 만나러 가야 사고가 생긴다.

다음 세 가지 이미지를 본 후에, 떠오르는 부사를 집어넣어 사고해보자.

이제 앞서 본 세 종류의 Dance 이미지들을 생각하며, 각양의 부사를 사용하여 '춤추다(Dance)'라는 동사를 설명해보자. 이것을 가리켜 '부사가 동사를 만나 사고한다'고 말한다.

앞의 이미지들을 생각하며 다시 사고해보라!

· 아름답게 춤춘다   · 열정적으로 춤춘다

- 우아하게 춤춘다
- 역동적으로 춤춘다
- 어설프게 춤춘다
- 재미있게 춤춘다
- 귀엽게 춤춘다
- 신나게 춤춘다
- 나풀나풀 춤춘다
- 미친 듯이 춤춘다
- 덩실덩실 춤춘다
- 울면서 춤춘다
- 눈부시게 춤춘다
- 창의적으로 춤춘다
- 고리타분하게 춤춘다
- 보기 민망할 정도로 춤춘다
- 관중을 의식하며 춤춘다
- 과자를 먹으면서 춤춘다
- 일하다 말고 춤춘다
- 혼자서 춤춘다
- 둘이서 춤춘다
- 여럿이서 춤춘다
- 남들의 시선을 신경 쓰지 않고 춤춘다
- 선생님을 따라서 춤춘다
- 군중들 앞에서 춤춘다
- 조명을 받으며 춤춘다
- 아무도 없는 데서 춤춘다
- 외롭게 춤춘다
- 빨간 바지를 입고 춤춘다
- 힘들게 춤춘다
- 길거리에서 춤춘다
- 극장에서 춤춘다
- 아침 일찍 춤춘다
- 밤 늦게 춤춘다

- 박수를 받으며 춤춘다
- 머리를 땅에 대고 춤춘다
- 머리를 땅에 돌려가며 춤춘다
- 몸을 비틀어가며 춤춘다
- 위험하게 춤춘다
- 외롭게 춤춘다
- 눈물을 흘리며 춤춘다
- 손을 들고 춤춘다
- 두 손을 꼭 잡고 춤춘다
- 손을 짚고 춤춘다
- 모자를 쓰고 춤춘다
- 치마를 입고 춤춘다
- 넥타이를 메고 춤춘다
- 구두를 신고 춤춘다
- 흰 드레스를 입고 춤춘다
- 마주보며 춤춘다
- 허리를 안고 춤춘다
- 차이코프스키 음악에 맞춰 춤춘다
- 힙합을 틀어놓고 춤춘다
- 장단에 맞춰 춤춘다
- 피아졸라가 직접 연주한 탱고 음악에 맞춰 춤춘다
- 그림자를 따라 춤춘다
- 그때를 생각하며 춤춘다
- 미끄러운 바닥에서 춤춘다
- 모래 위에서 춤춘다
- 높이 뛰며 춤춘다
- 힙합 음악을 들으며 몸을 비틀어가며 머리를 땅에 댄 채 손을 짚고 운동화를 신고 미친 듯이 열정을 다해 많은 관중들 앞에서 박수를 받으며 그때를 추억하며 보기 민망할 정도로 눈물을 흘리며 춤춘다

이제 사고가 되기 시작한다. 왜 갑자기 사고가 되기 시작하는가? 동사만 놓고 볼 때는 전혀 사고가 되지 않았는데, 부사를 동사에 갖다 붙이기 시작하니까 사고가 된다. 부사

가 사고하기 때문이다.

눈에 보이는 동작을 묘사하거나 창의적으로 상상하여 동작을 만들어낼 수도 있게 된다. 이것이 사고의 힘이다. 부사는 동사를 행해 달려가면서 사고한다. 부사가 동사를 만나면 사고하는 것이다. 이처럼! 동사와 부사는 운명적으로 만난다.

여기서도, 한 가지만 실험해보자. 지금까지 붙여본 부사를 거꾸로 한 개씩 다 지워보자. '아름답게 춤춘다'에서 '아름답게'를 지워보자. 이어서 '역동적으로 춤춘다'에서 '역동적으로'를 지워보고, '우아하게 춤춘다'에서 '우아하게'를 지워보자. 이런 식으로 끝까지 다 지워보자. 부사를 다 지워보니, 뭐가 남는가?

Nothing!

동사를 수식하고 있는 부사를 다 빼니 그 동사는 사라진다. 명사를 수식하고 있는 형용사를 지워보니 그 명사가 사라져 버린 것과 똑 같은 이치다. 우리가 인지하고 사고에 남아 있던 '춤추다'라는 동사는 전부 부사 덩어리들이었던 것이다. 부사를 다 빼고 나니 동사라는 실체는 사라지고 만 것이다. 부사를 지워가다 보니 혼자서 춤추고 있는지, 길거리에서 춤추고 있는지, 무슨 음악을 듣고 춤추고 있는지 알 수가 없어지면서 '춤추다'라는 동사는 점점 사라지고 마는 것이다.

이제 한 가지 분명한 사실을 알게 된 것이다.

> **동사를 인지하는 것은 부사 덩어리들이다.**

이렇게 동사를 설명해 주는 부사는 여러 종류가 있다.

장소를 나타내는 부사(here, there, near, away, back, out, far, inside, outside 등), 방법을 나타내는 부사(badly, beautifully, carefully, quickly, softly, hard 등), 시간을 나타내는 부사(today, last, night, yesterday, now, last month, before 등), 빈도를 나타내는 부사(always, normally, often, occasionally, seldom, rarely, hardly, ever 등), 정확도를 나타내는 부사(probably, perhaps, definitely, obviously, certainly, exactly 등), 정도를 나타내는 부사(very, quite, too, enough, so, almost 등), 비교급과 최상급을 만드는 부사(more, most), 그리고 의문부사와 관계부사(where, how, when, why) 등이 있다.

부사의 종류를 말하다 보니, 부사의 종류가 전치사(Preposition)의 종류와 상당부분 겹쳐지고 있는 것을 발견하게 될 것이다. 장소·방법·시간! 그렇다. 부사 중에 상당 수가 전치사 와 같이 쓰인다. 그러면, 어떻게 구별하는가? 간단하다. 오른쪽에 명사(전치사의 목적어)를 가지면 전치사가 되고 그렇지 않으면 부사다. 류진의 '영어구문론' 11장의 예문을 보자.

전치사	부사
He was (in the house).	He came (in).
He climbed (up the mountain).	He climbed (up).
He passed (by my house).	He lives (near by).
He went (outside the house).	He stood (outside).
The house [in which we live]	The house we live (in)
The pen [with which I write]	The pen I write (with)
The chair [on which I sit]	The chair I sit (on)

부사의 종류는 '영어구문론'과 '성문종합영어' 등의 참고서를 활용하여 잘 익혀두기 바란다. 부사의 종류는 많지만 부사의 용법은 단 세 가지뿐이다.

- 동사를 설명하는 부사의 용법!
- 형용사를 설명하는 부사의 용법!
- 부사를 설명하는 부사의 용법!

이렇게 세 가지다. 여기서는 부사가 동사, 형용사, 그리고 다른 부사와 만나는 과정을 집중적으로 공부해보도록 하겠다.

➡ 부사가 동사를 만날 때

부사(*짧은 말*) → **동사** ← **부사**(*긴 말*)

동사 왼쪽에 나오는 짧은 말 부사는 주로 한 단어로 된 단독 부사(always, certainly, gladly, hardly, nearly, seldom 등)를 말하며, 동사 오른쪽에 나오는 긴 말 부사는 2그룹 출신으로 '(P+N), (to+V), (V+ing), (V+ed), [접+N+V]' 이런 식으로 만들어진 부사(on the table, to win, running)를 말한다. 긴 말 부사를 부사구((P+N), (to+V), (V+ing), (V+ed)) 또는 부사절([접+N+V])이라고도 한다.

예를 들어 보자.

짧은 말 부사는 다음과 같다.

> He **always** travels with business class.
>
> She will **certainly** come.
>
> I **gladly** accepted the invitation.
>
> She **hardly** works.
>
> I **nearly** missed the bus.
>
> He **seldom** listens to the radio broadcast.

인지원리에 따라 분석할 때, 부사는 2그룹 취급하여 (괄호)를 치면 된다. 위 영문을 인지원리에 따라 분석하면 다음과 같다.

> _He_ (always) _travels_ (with business class).
>
> _She will_ (certainly) _come_.
>
> _I_ (gladly) _accepted the invitation_.
>
> _She_ (hardly) _works_.
>
> _I_ (nearly) _missed the bus_.
>
> _He_ (seldom) _listens_ (to the radio broadcast).

그런데, 짧은 말 부사는 동사 오른쪽(뒤)에도 자유롭게 위치한다.

> She drives **carefully**.
>
> He works **hard**.
>
> He came **late** for school.
>
> We arrived **safely** at the station.
>
> He does not work **enough**.

2그룹 출신의 긴 말 부사((P+N), (to+V), (V+ing), (V+ed), [접+N+V])들은 주로 동사 오른쪽에 위치한다. 이를 부사구 또는 부사절이라 한다. 간혹 강조 역할을 하는 구나 절을 이끌고 문장 맨 앞으로 튀어 나오기도 한다.

다음 문장에서 동사를 설명하는 부사구 또는 부사절을 찾아 보자.

- I put the key on the table.
- He did his best to win the game.
- Running on the track, she looked at me.
- We treated the boy with kindness.
- He bought the old house to live in a quiet forest.
- I have lost my way coming out of the wood.
- We go to the beach when it is hot.
- Though we were starving, we would not ask a favor of him.
- However rich a man may be, he ought to work.
- The flow of soul with you becomes an echo, knocking on the window.

위 영문들에서 2그룹 출신의 만들어진 긴 말로 된 부사인, 부사구 또는 부사절은 다음과 같이 동사를 향해 가면서 동사를 사고하고 동사를 설명해 준다.

- I _put_ the key **(on the table)**.
  (테이블 위에) <u>올려 놓았다</u>
- He _did_ his best **(to win the game)**.
  (그 경기에 이기기 위해) <u>했다</u>
- **(Running)** (on the track), she _looked_ at me.
  (달리면서) <u>쳐다보았다</u>
- We _treated_ the boy **(with kindness)**.
  (친절하게) <u>대해줬다</u>
- He _bought_ the old house **(to live)** (in a quiet forest).
  (살기 위해) <u>샀다</u>

- I *have lost* my way **(coming)** out of the wood.

  (나오면서) *잃었다*

- We *go* to the beach [**when** it is hot].

  [더워지면] *간다*

- [**Though** we were **(starving)**], we *would not ask* a favor of him.

  [굶어 죽더라도], *요청하지 않을 거다*

- [**However** rich a man may be], he *ought to work*.

  [아무리 부자라 할지라도], *일해야만 한다*

- The flow of soul with you *becomes* an echo, **(knocking)** on the window.

  (두드리면서), *된다*

➡️ 부사가 형용사를 만날 때

부사(*짧은 말*) → **형용사** ← **부사**(*긴 말*)

형용사 왼쪽에 나오는 짧은 말 부사는 주로 한 단어로 된 단독 부사로 명사를 수식하러 가는 형용사를 설명해 주거나, '이다동사의 nVa 꼴 (2형식)'에서 형용사 보어를 설명해주기도 한다.

다음 영문들에서 부사를 찾아 설명해보자.

- She is a very beautiful woman.
- A brightly painted pediatric clinic is a pretty inspiring place.
- One of the most politically visible spokesmen is my brother.
- The chairman bought a very expensive watch.
- The chairman bought such an expensive watch.
- To stop the quickly rising inflation, the government put a price ceiling on most commodities.
- Our senses, by an almost mechanical effect, are passive to the impression of outward object.

위 영문들에 나오는 부사들은 모두 명사를 수식하러 가는 형용사들을 지목해서 설명해 주고 있다. 여기서 눈 여겨 볼 것이 있다. '관사-부사-형용사-명사'의 패턴이다. '명사'는 덩그러니 홀로 나오려 하지 않고 자주 그 앞에 '관사-명사', '관사-형용사-명사', 또는 '관사-부사-형용사-명사'의 무리를 이끌고 등장한다.

- She is a **very** *beautiful* woman.
  매우 <u>아름다운</u> 여인
- A **brightly** *painted* pediatric clinic is a **pretty** *inspiring* place.
  밝게 <u>색칠된</u> 소아과 / **꽤** <u>고무적인</u> 장소
- One of the **most** *visible* spokesmen is my brother.
  가장 <u>눈에 띄는</u> 대변인
- The chairman bought a **very** *expensive* watch.
  매우 <u>비싼</u> 시계
- The chairman bought **such an** *expensive* watch.
  이렇게나 <u>비싼</u> 시계
- To stop the **quickly** *rising* inflation, the government put a price ceiling on most commodities.
  빠르게 <u>오르는</u> 물가
  Our senses, by an **almost** *mechanical* effect, are passive to the impression of outward object.
  거의 <u>기계적인</u> 효과

> 관사 + 부사 + 형용사 + 명사
> (전치사 + 관사 + 부사 + 형용사 + 명사)

'이다동사의 nVa 꼴(2형식)'에서 형용사 보어를 설명해 주는 부사는 다음과 같다.

- She is **very** *beautiful*.
  매우 <u>아름다운</u> 상태
- The place is **pretty** *inspiring*.

꽤 _고무적인_ 상태

- My brother is **the most** _visible_.

  가장 _눈에 띄는_ 상태

- The chairman's watch is **very** _expensive_.

  매우 _비싼_ 상태

- Inflation is **quickly** _rising_.

  빠르게 _오르는_ 상태

- The effect is **almost** _mechanical_.

  거의 _기계적인_ 상태

2그룹 출신의 긴 말 부사((P+N), (to+V), (V+ing), (V+ed), [접+N+V])들은 주로 형용사 오른쪽에 위치한다. 이를 형용사를 설명하는 부사구 또는 부사절이라 한다.

다음 영문들에서 부사를 찾아 설명해보자.

- The city is famous for its traditional market.
- I am very glad to see you alive.
- This book is very easy to read.
- This river is dangerous to bath in.
- He lived long to meet his 10th grandson.
- The boy is very tall, considering his age.
- I am sorry that I cannot help you.

위 영문들에 나오는 긴 말 부사들은 모두 형용사 오른쪽에 위치하면서, 각각의 형용사들을 자세히 설명해 주고 있다. 이러한 부사들을 가리켜 부사구 또는 부사절이라 한다.

- The city is _famous_ **(for its traditional market)**.

  전통시장으로 _유명한_

- I am very _glad_ **(to see you alive)**.

  네가 살아 있는 것을 보게 되어 _기쁜_

- This book is very _easy_ **(to read)**.

읽기에 *쉬운*

- This river is *dangerous* (to bath) (in).

  들어가 수영하기에 *위험한*

- He lived *long* (to meet his 10th grandson).

  10번째 손자를 볼 만큼 *오래*

- The boy is very *tall*, (considering his age).

  나이에 비해 *키가 큰*

- I am *sorry* [that I cannot help you].

  너를 도와 줄 수 없어서 *미안한*

➡ 부사가 부사를 만날 때

부사*(짧은 말)* → **부사** ← **부사***(긴 말)*

어떤 부사가 주관적일 때는 조금 더 자세히 설명할 수 있는 다른 긴 말 부사를 사용해 그 부사를 객관화시켜야 좋은 문장이 되기도 한다.

다음 영문들에서 부사를 찾아 설명해보자.

- He is as diligent as an ant.

- He is so wise as to know it.

- He is too idle to read many books.

- This concert hall is big enough for your jazz band.

- I would rather stay at home than go out with him.

- He can run as fast as a bulletin.

- He can run again as fast as when he made the gold medal in the Rio 2016 Summer Olympic games.

- It is easier for a camel to go through the eye of a needle than for a rich man to enter the kingdom of God.

위 영문들에 나오는 긴 말 부사들은 모두 이미 어떤 형용사를 설명해주고 있는 짧은 부사(as, so, too, enough, more) 뒤에 위치하면서, 각각의 부사들을 보다 자세히 설명해 주고 있다. 이러한 부사들을 가리켜 부사를 수식하는 부사구 또는 부사절이라 한다.

- He is *as* diligent (as an ant).
  개미만큼 <u>그 만큼</u>
- He is *so* wise (as to know it).
  그것을 알 정도로 <u>그렇게</u>
- He is *too* idle (to read many books).
  많은 책들을 읽기에는 <u>너무나</u>
- This concert hall is big *enough* (for your jazz band).
  당신의 재즈 밴드에 비해 <u>충분히</u>
- I would *rather* stay at home 〈than go (out) (with him)〉.
  그와 데이트하느니보다 <u>차라리</u>
- He can run *as* fast (as a bulletin).
  총알만큼 <u>그 만큼</u>
- He can run again *as* fast 〈as [when he made the gold medal (in the Rio 2016 Summer Olympic games)]〉.
  2016 리우 올림픽에서 금메달을 땄을 때만큼 <u>그 만큼</u>
- It is easi*er* for a camel to go through the eye of a needle 〈than (for a rich man) (to enter the kingdom) (of God)〉.
  부자가 하나님 나라에 들어가는 것 보다 <u>더</u>

객관적 부사를 사용해서 주관적 부사를 보다 자세히 설명해 주는 만큼 문장은 더욱 구체화되고 좋은 문장이 될 수 있다. 부사를 객관화 하다 보면 문장이 길어지게 된다. 이때 수치나 통계 등의 객관적 자료를 사용하면 보다 구체적인 설명이 가능해진다.

* **연습문제 6**: 다음 문장에서 부사를 찾아 그 용법을 설명하시오.

01. He built a small house beside a stream to live freely in the woods.

02. She stood at the window, with her face turned away from us.

03. Living so remote from town, I rarely have visitors.

04. He sat near the stove, holding a book in his hand.

05. People do not know the blessing of health before they lose it.

06. As you are not ready, we must go without you.

07. The boy, opening the door, looked at me.

08. Talking of cinema, there are not so many Russian films in Korea.

09. He is so diligent as to earn money.

10. Whenever he goes out, he always takes his umbrella.

11. He is so faithful that he works hard.

12. He speaks so fast that I cannot understand him.

13. I gave him such a shock that his face turned white.

14. Regrettably parting with dry lips, I kiss a red wine that you loved more than me.

15. Life is with reality like water trickling down a lady's raincoat, like her tears.

제07장

따라잡자! 구조 중심 사고방식

시 한 편을 감상해보자.

미국 샌프란시스코 대학에서 교육학 박사 학위를 받은 후 미국에서 교사이자 시인으로 활동했던 이순철님의 작품이다.

On a Rainy Day

The flow of soul
With you
Becomes an echo,
Knocking on the window

Those last tears
You showed
Are now flowing down
On the window,
Streaming in my veins

Regrettably
Parting with dry lips
I kiss a red wine
That you loved
More than me

위 시를 감상하는 동안 시인의 마음이 독자들에게 인지되는 과정이 궁금해진다. 시인은 풍부한 언어재료들을 사용하여 자신이 사고하고 있는 바를 독자들과 나누며 대화를 시도하고 있다.

지금까지 학습한 영어의 사고 방식을 되짚어보자.

① 먼저, 대화하고자 하는 말과 글을 1그룹과 2그룹으로 나눈다.
② 1그룹에서 동사가 '하다동사'인지 '이다동사'인지 구별한다.
③ 2그룹에서 '명사'로 결합할지 '동사'로 결합할지 구별한다.
④ 2그룹에서 만들어진 언어재료들로 1그룹을 도우러 간다.
⑤ 이 과정 속에 생성되는 실재 품사들로 문법을 정리한다.

정리해보면 다음과 같다.

영어의 사고방식
① 전체문장에서 '1그룹'과 '2그룹'을 구별한다.
1그룹을 '먼저정보' 2그룹을 '나중정보'라 한다.
② 1그룹에서 '하다동사'와 '이다동사'를 구별한다.
하다nV, 하다nVn, 이다nV, 이다nVn, 이다nVa 를 구별
③ 2그룹에서 '명사결합어'와 '동사결합어'를 구별한다.
(P+N), (to+V), (V+ing), (V+ed), [관+V], [접+N+V]를 구별
④ 2그룹 언어재료들로 1그룹 언어재료들을 설명한다.
⑤ 여기서 발생되는 실재 품사들을 인지한다.

상황영어의 김준기가 발견해 낸 매우 탁월한 영어의 인지원리 과정이다. 영어를 외국어로 처음 배울 때, 이러한 인지 과정을 충분히 연습해야만 한다.

위의 표를 앞서 살펴 본 아래의 영어의 구조 원리 도식과 연결시켜 보면 영어의 사고 방식이 한 눈에 들어 올 것이다.

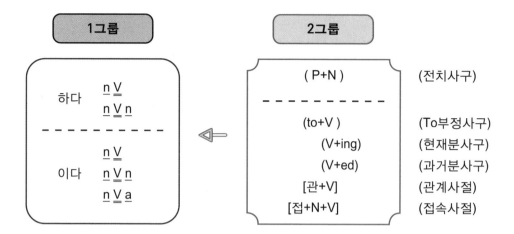

여기에, 아래 도식[1]을 하나 더 결합해보자.

1	명사(N)	→	동사(V)	←	명사(N)
2	형용사(a)	→	명사(N)	←	형용사(a)
3	부사(ad)	→	동사(V)	←	부사(ad)
4	부사(ad)	→	형용사(a)	←	부사(ad)
5	부사(ad)	→	부사(ad)	←	부사(ad)

새로운 내용이 아니다. 이미 앞서 자세히 다룬 내용들을 정리해 놓은 것뿐이다.

① 동사 왼쪽과 오른쪽에 명사가 나온다.
② 형용사는 왼쪽에서 명사를 수식하고 오른쪽에서 명사를 설명한다.
③ 부사는 동사 왼쪽과 오른쪽에서 동사를 자세히 설명한다.
④ 부사는 형용사의 왼쪽과 오른쪽에서 형용사를 자세히 설명한다.
⑤ 객관적인 부사는 주관적인 부사를 주변에서 보다 자세히 설명한다.

1　김준기, 앞의 책, 55쪽.

김준기는 '상황영어'에서 영어의 '사고의 단위'를 묶어서 완성한 위 도식을 소개한다. 위 도식을 자세히 들여다 보고 있으면, 이 작은 표 안에 영어의 모든 것이 다 들어 있는 것을 발견하게 된다. 이 작은 표 하나로 영어 재료들의 위치가 모두 설명되고 있다. 뿐만 아니라 영어 구조의 기초가 이 작은 표 안에 통째로 들어가 있다. '상황영어'의 저자 김준기의 발견은 정말 위대한 발견이 아닐 수 없다.

예문을 자세히 살펴보자.

He has run a small restaurant on the beach for ten years.

The pretty girl in the car is my sister.

The girl was very surprised to see us.

He is so diligent as to earn money.

He can run as fast as a bulletin.

앞의 예문들을 분석해보면 다음과 같다.

- He **has run** a small restaurant on the beach for ten years.

  $N \rightarrow V \leftarrow N$
- The **pretty** *girl* in the car is my sister.

  $a \rightarrow N \leftarrow a$
- The girl was **very** *surprised* to see us.

  $ad \rightarrow V \leftarrow ad$
- He is **so** *diligent* as to earn money.

  $ad \rightarrow a \leftarrow ad$
- He can run as *fast* as a bulletin.

  $ad \rightarrow ad \leftarrow ad$

이처럼 영어는 앞서 소개한 '사고 단위 도식'의 **화살표 방향을 따라가며** 사고한다. 그리고 이 도식으로 영어의 구조가 거의 다 설명되고 있다. 이것이 영어의 사고방식이다.

> 영어의 사고방식은 구조 중심이다.

즉, 영어의 말과 글은 구조로 이루어져 있다는 말이다. 구조가 무너지고 구조가 헝클어지면, 영어는 사고할 수 없게 된다. 영어는 반드시 구조가 잡혀야 사고할 수 있게 된다. 따라서, 영어의 사고방식을 따라잡기 위해서는 영어의 구조를 장악해야만 한다.

영어의 구조를 장악하려면 영어 재료들의 위치를 간파해야 한다. 그리고 그 영어 재료들이 어디를 향해 가는지 추적해야 한다. 즉, 영어의 사고방식을 따라잡으려면 영어 재료들이 어느 위치에서 어디로 향해 가는지에 집중해야 한다. 박기엽과 지만수는 "영어는 위치 중심어이므로 낱말의 위치에 따라 의미가 달라지며 위치가 잘못되면 문장 자체가 성립되지 않기에 영어 문장을 제대로 이해하려면 영어 어순 배열법, 즉 영어의 구조를 익혀야 한다"[2]고 강조한다.

영어는 위치 중심어이다.

그리고 '상황영어'에서 김준기는 우리말과 영어의 극단적이 차이점을 아래의 예문을 들어 설명한다. 한국어는 '토씨언어'지만 영어는 '구조언어'라는 것이다. "한국어는 토씨만 바꾸어도 말이 되지만 영어는 위치 전체를 바꾸어야 말이 된다[3]고 강조한다.

아주 좋은 예가 있다.

나는 너를 사랑한다.

토씨를 바꾸어 보자.

나를 너는 사랑한다.

구조와 위치는 그대로 인데 토씨를 바꾸니 의미가 바뀌었다. 다른 예를 보자.

"태초에 하나님께서 천지를 창조하시니라." (창세기1:1)

토씨를 바꾸어 보자. 이렇게 말이다.

---

2   박기엽, 지만수, 『알기쉬운 우리말 분석영어 (기초편)』 (서울: 지식산업사, 2001), P. 21.

3   김준기, 앞의 책, 191쪽.

"태초<u>하시니라</u> 하나님을 천지<u>에</u> 창조<u>께서</u>"

구조와 위치는 그대로다. 그런데 아무리 한국어 발음을 좋게 하여 말한다 해도 무슨 말인지 도무지 알아 들을 수가 없을 것이다.

하나만 더 보자.

> 하나님<u>이</u> 세상을 이<u>처럼</u> 사랑<u>하사</u> 독생자를 주셨<u>으니</u> 이는 그를 믿는 자<u>마</u>
> <u>다</u> 멸망<u>하지</u> 않<u>고</u> 영생을 얻<u>게</u> 하려 하심<u>이라</u>. (요한복음 3:16)

토씨를 바꾸어 보자. 이 번엔 이렇게 말이다.

> 하나님<u>하사</u> 세상<u>처럼</u> 이<u>마다</u> 사랑를 독생자<u>으니</u> 주셨<u>는</u> 이<u>하지</u> 그<u>려</u> 믿는
> 자<u>하지</u> 멸망<u>고</u> 않을 영생<u>게</u> 얻<u>이라</u> 하<u>이라</u> 하심<u>려</u>

모르는 단어가 혹시 있는가? 모두 다 아는 단어다. 단어를 몰라서 한국어를 못하는 게 아니다. 구조와 위치도 앞 문장과 동일하다. 그런데 무슨 말인지 도무지 이해가 안 된다. 구조와 위치는 그대로지만, 토씨가 다 바뀌었다. 한국어는 '토씨언어'이기 때문에, 토씨가 바뀌면 의미가 바뀐다. 또는 토씨가 잘못 사용되면 의미전달이 안 된다.

영어도 마찬가지다. 영어는 '구조언어'다. 따라서 올바른 이해와 인지를 위해서는 영어 재료들을 제 위치에 가져오는 것이 급선무다. 영어를 말과 글로 표현할 때, 영어 재료들을 제 위치에 가져오지 못하면, 아무리 좋은 발음으로 잘 아는 단어들을 말한다 할지라도 무슨 말인지 알아들을 수 없게 된다. 영어는 '구조언어'이기 때문이다.

영어의 사고방식을 따라잡기 위해서는 영어의 구조를 파악해야 한다. 한국어에서는 토씨가 사고하는데, 영어에서는 구조가 사고하기 때문이다.

아래 단어들을 읽고 사고해보자.

Restaurant!	Beach!	Dinner!	명사
Run!	Go!	Have!	동사
Small!			형용사
Very!			부사

아무 사고도 되지 않는다. 명사, 동사, 형용사, 부사는 스스로는 사고하지 않기 때문이다. 다시 사고해보자.

- Small **Restaurant**!

  작은 식당!

- **Restaurant** (on the beach)!

  바닷가에 있는 식당!

- *He has run a very small* **restaurant** (on the beach) (for ten years).

  그는 바닷가에서 매우 작은 식당을 10년 동안 운영해왔다.

- *I go* (to the small **restaurant**) (on the beach) (every day) (to have dinner).

  나는 매일 저녁을 먹으러 바닷가에 있는 작은 식당에 간다.

갑자기 사고가 가능해 진다. 왜일까?

첫째는 'Restaurant'라는 명사의 앞과 뒤에 형용사를 붙였기 때문이다. 명사는 사고하지 않지만 형용사가 명사를 만나러 가면서 사고가 발생했다. '명사와 형용사의 운명적 만남'에서 자세히 배운 바 있다.

둘째는 구조에 집어 넣었기 때문이다. 'Restaurant'라는 명사를 '하다동사의 nVn 꼴 (3형식)'이라는 문장구조의 동사 오른쪽에 나오는 명사(목적어) 자리에 집어 넣었기 때문이다. 그리고 '하다동사의 nV 꼴 (1형식)'이라는 문장구조 뒤에, 2그룹으로서 전치사구 (P+N)의 형태(to the small restaurant)를 만들어 1그룹을 도우러 갔기 때문이다.

> 품사(명사, 동사, 형용사, 부사)들이 *서로 만날 때 사고하고,*
> 언어재료들이 영어의 **구조**(1그룹, 2그룹) 속에 **위치할 때** 사고한다.

바로 다음의 도식 두 개가 사고 하는 것이다.

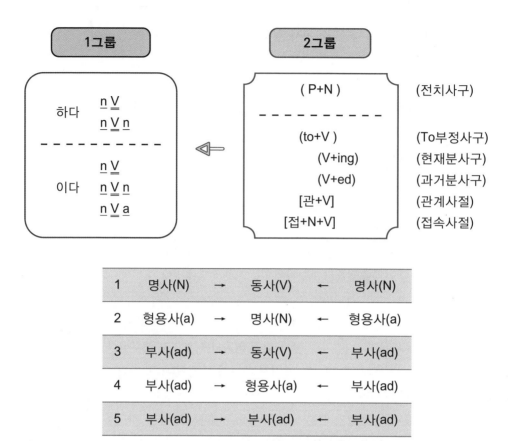

정리해보자.

- 단독 품사들(명사, 동사, 형용사, 부사) 자체는 사고하지 않는다.
- 각 품사들이 만나 서로 꾸미고 설명할 때 사고(인지)가 발생한다.
- 명사는 형용사를 만나야 사고하고, 동사는 부사를 만나야 사고한다.
- 형용사는 명사를 만나러 가면서 사고하고 부사는 동사, 형용사, 부사를 만나러 가면서 사고한다.
- 그리고 각 품사들(명사, 동사, 형용사, 부사)이 1그룹과 2그룹이라는 구조에 위치하고 있으면 영어는 사고하게 된다.
- 이때, 2그룹의 언어재료들(전치사구, To부정사구, 현재분사구, 과거분사구, 관계사절, 접속사절)이 1그룹의 언어재료들을 향해 가면서, 2그룹 언어재료들은 새로운 품사로 자리매김 된다. 이 과정에서 만들어지는 새로운 품

사들이 바로 영어의 사고 단위들이다.

- 그러므로, 2그룹 언어재료들은 모두 '부정사'라 할 수 있다. 따라서 전치사구(P+N), TO부정사구(to+V), 현재분사구(V+ing), 과거분사구 (V+ed), 관계사절[관+V], 접속사절[접+N+V]은 모두 '부정사'다. '부정사'라 함은 품사가 정해지지 않은 언어재료라는 뜻이다. 2그룹 언어재료들은 스스로는 아무 품사도 아닌데, 1그룹을 향해 가면서, 누구(기존의 품사)를 만나는가에 따라 품사가 새롭게 정해진다.

다음 도식을 보자.

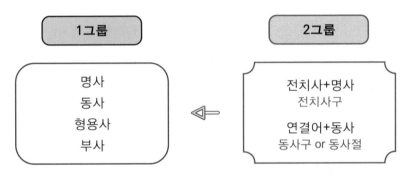

예를 들어, 2그룹의 언어재료가 1그룹의 언어재료 중에서 명사를 만나면 형용사가 되고, 동사를 만나면 부사가 된다. 그리고 형용사를 만나면 부사가 되고, 부사를 만나면 부사가 된다. 또는 구조 속에 위치하면서 명사 자리에 위치하면 명사가 되고, 형용사 자리에 위치하면 형용사가 된다.

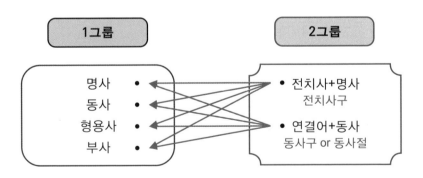

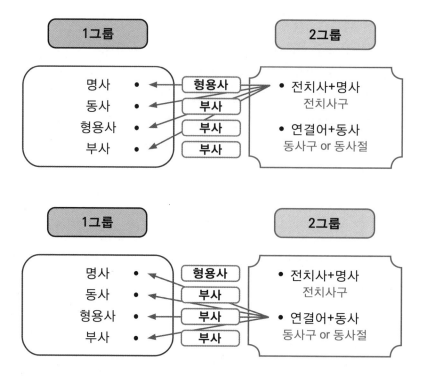

영어의 사고방식이란 2그룹의 언어재료가 1그룹의 언어재료를 만날 때 새롭게 만들어지는 품사를 인지하는 것을 말한다.

2그룹 언어재료의 종류에 따라 구별하여 준비된 다음의 예문을 보면서 영어식 사고방식을 따라잡아 보자.

➡ 전치사구(P+N)

다음 예문을 읽고 분석해보자.

- I go to the small restaurant on the beach every day to have dinner.
- He has run a very small restaurant on the beach for ten years.
- This book is about the beach.

2그룹 언어재료들 중에 전치사구 'on the beach'와 'about the beach'의 품사를 분석하면 다음과 같다.

- I go to the small *restaurant* **(on the beach)** (every day) (to have dinner).

  바닷가에 있는 식당 / 형용사구

  전치사구(P+N)가 명사를 꾸며 수식하고 있으니 품사는 형용사다. 그래서 문법적으로 이것을 가리켜 '형용사구'라 한다.

- He *has run* a very small restaurant **(on the beach)** for ten years.

  바닷가에서 운영해왔다. / 부사구

  전치사구(P+N)가 동사를 설명하고 있으니 품사는 부사다. 그래서 문법적으로 이것을 가리켜 '부사구'라 한다.

- *This book is* **(about the beach)**.

  <u>*이 책은*</u> 바닷가에 관한 책<u>*이다*</u>. / 명사구(주격보어, 주어의 정체)

  전치사구(P+N)가 그 스스로 동격으로서의 목적격보어의 역할을 하고 있으니 품사는 명사다. 1그룹의 '이다동사의 nVn 꼴(2형식)'의 목적격보어(이다동사 오른쪽에 나오는 동격으로서의 명사)로 사용되고 있다는 말이다. 이러한 전치사구를 문법적으로 '명사구'라 한다.

이상에서 살펴본 바와 같이, 전치사구(P+N)는 부정사다. 2그룹 재료이지만 품사가 아직 결정되어 있지 않았다는 말이다. 1그룹을 향해 가면서 품사가 결정된다. 1그룹 언어재료 중 누구(어떤 품사)를 만나는지에 따라서, 또는 1그룹 구조 어느 자리에 위치하는가에 따라서 명사인지, 형용사인지, 부사인지의 품사가 결정된다.

명사를 만나면 형용사가 되고, 동사를 만나면 부사가 된다. 또는 문장구조 속에서 명사의 자리 또는 형용사의 자리를 차지하게 된다.

2그룹은 언어재료들은 모두 다 부정사다.

➡ **To부정사구(to+V)**

다음 예문을 읽고 분석해보자.

- It is good for health to get up early in the morning.

- It is ridiculous for these flowers to be yellow.
- For Harry, it is difficult to solve the problem.
- The bright boy wanted to become a great poet in the future.
- My plan is to go to the museum with her on this weekend.
- His brother is to build a grand mansion in the silent forest.
- He sent the book to his son to become a doctor.
- A fable is a simple story to teach us a very important truth.
- The first men to make their homes along the Nile River in ancient Egypt were farmers.
- She is a girl to believe the young man a fool.
- He will go to Italy to study music.
- This book is easy to read.
- This apple is ripe enough to eat.
- He awoke to find himself famous.
- He kept the name of the town a secret to make the trip more interesting for his young children.

우리가 잘 아는 'To부정사'의 용법이다.

전치사 'to'가 동사를 향해 달라 붙어서 동사의 연결어가 된 동사구를 'To부정사구'라 한다. 전치사는 원래 명사 앞에 붙는 명사 연결어인데, 'to'만 예외로 동사를 향해 붙기도 한다. 'to'는 '어디로 향해 가다'라는 의미이다. 동사를 향해 여전히 '가는 중'이다 보니, 그 동사는 아직 시간 속에 존재하지 않는 동사다. 즉, 미래의 의미라는 말이다. 몸 밖으로 나온 동사가 아니라, 몸 안에 갇혀 있는 동사란 말이다. 그래서 그 동사는 아직 시간 속(시제)에 나와 있지 못하고, to 안에 갇혀서 미래만 바라보고 있는 동사다.

예를 들자면, "사랑합니다."라고 역사와 시간 속에서 말하지 못하고 짝사랑하며 몸 안에만 갇혀 사랑하고 있는 동사 'LOVE'를 말한다. 아직 사건이 발생하지 않은 '미발생'을 의미한다. 'To부정사'의 'to'를 가리켜, '앞으로 할 to' 또는 '미래의 to'라 한다. 혹은 뭘 써야 할지 정확히 잘 모를 때, 그냥 만만하게 쓰라고 해서 '잘 모르면 to'라 한다.

따라서 2그룹에서 동사에 연결어를 붙여 1그룹으로 향해 가려 할 때 세 개의 동사구 (To부정사구, 현재분사구, 과거분사구)들 중에서 하나를 골라야 하는데, 미래적 의미면 'to'를 붙이는 것이다. 참고로 현재적 의미이면 '~ing'를 붙이고, 과거적 의미이면 '~ed'를 붙인다.

'To부정사구'가 명사를 향해가면 형용사적 용법(형용사구)이고, 동사나 형용사 또는 부사를 향해 가면 부사적 용법(부사구)이 된다. 또는 그 자체가 1그룹의 주어나 명사보어 또는 목적어 라는 명사 자리에 위치하게 되면, 'To부정사'의 명사적 용법(명사구)이라고 한다.

앞의 영문들에 사용된 'To부정사구'의 용법을 설명해보자면 다음과 같다.

- It *is* good for health **(to get)** (up) (early) in the morning.
  (일찍) **일어나는 것은** 건강에 좋은 상태*이다* / 명사구(주어)

- It *is* ridiculous for these flowers **(to be yellow)**.
  노란색이라는 것은 터무니없는 상태*이다* / 명사구(주어)

- For Harry, it *is* difficult **(to solve the problem)**.
  이 문제를 푼다는 것은 어려운 상태*이다* / 명사구(주어)

- The bright boy *wanted* **(to become a great poet)** in the future.
  시인이 되기를 원했다 / 명사구(목적어)

- My plan *is* **(to go)** to the museum with her on this weekend.
  박물관에 **가는 것이다** / 명사구(주격보어, 주어의 정체)

- His brother *is* **(to build a grand mansion)** in the silent forest.
  대저택을 지으려는 상태이다 / 형용사구(주격보어, 주어의 상태)

- He sent the book to his *son* **(to become a doctor)**.
  의사가 된 그의 **아들**에게 / 형용사구(명사 수식)

- A fable is a simple *story* **(to teach)** us a very important truth.
  가르쳐주는 간단한 *이야기*이다 / 형용사구(명사 수식)

- The first *men* **(to make their homes)** (along the Nile River) (in ancient Egypt) <u>were</u> <u>farmers</u>.

  집을 지은 첫 *사람들*은 농부들이었다 / 형용구(명사 수식)

- She is *a girl* **(to believe** the young man a fool)**.

  그 젊은이를 바보로 믿는 *소녀* / 형용사구(명사 수식)

- He ***will go*** to Italy **(to study music)**.

  이태리로 **(음악 공부하러)** *갈 것이다* / 부사구(동사 수식)

- This book is *easy* **(to read)**.

  읽기에 *쉬운* 상태이다 / 부사구(형용사 수식)

- This apple is ripe *enough* **(to eat)**.

  먹기에 *충분히* 익은 상태 / 부사구(부사 수식)

- He ***awoke*** **(to find** himself famous)**.

  그는 자신이 유명해 진 것을 **발견한 채** *깨어났다*. / 부사구(동사 수식)

  그는 잠에서 깨어보니 자신이 유명해진 것을 발견했다.

- He ***kept*** the name of the town a secret **(to make** the trip more interesting) (for his young children)**.

  그는 어린 아이들에게 여행을 보다 더 흥미롭게 **만들어 주기 위해**, 도시의 이름을 비밀로 *유지했다*. / 부사구(동사 수식)

➡️ 현재분사구(V+ing)

다음 예문들을 읽고 분석해보자.

- Keeping quiet is impossible for her.
- A child sleeping in a cradle looks very peaceful.
- We passed the evening very pleasantly, eating snacks and playing some board games.
- The boy, opening the door, looked at me.
- The dog running along the beach stopped suddenly.
- A new bridge connecting the two provinces has been built.

- The water I give him will become in him a spring of water welling up to eternal life. (요한복음 4:14)
- We saw the old man crossing the road.
- The ball went flying over the roof.
- The old man lay dying.
- You should have some trouble finding his house.

2그룹에서 명사가 1그룹을 향해 갈 때는 그 명사 앞에 연결어로서의 전치사를 반드시 붙여야 한다. 한편 동사가 1그룹을 향해 갈 때는 해당 동사 앞 또는 뒤에 5개의 연결어(to, ~ing, ~ed, 관계대명사, 접속사) 중에 하나를 반드시 붙여서 사용한다.

이 다섯 개 중 3개(To부정사구, 현재분사구, 과거분사구)는 동사구를 이끌고 나머지 2개(관계사절, 접속사절)는 동사절을 이끈다.

즉, 2그룹에서 동사로 1그룹에 봉사하려 할 때 그 동사를 동사구(To부정사구, 현재분사구, 과거분사구)로 만들든지 동사절(관계사절, 접속사절)로 만들어서 사용해야만 한다.

동사구(To부정사구, 현재분사구, 과거분사구)들 중에서 하나를 골라야 할 때 미발생인 미래적 의미면 'to'를 붙이고, 발생 중인 현재적 의미이면 '~ing'를 붙이고, 발생 후인 과거적 의미이면 '~ed'를 붙인다.

앞의 영문들은 모두 '현재분사구'를 사용한 예문들이다. 즉, 지금 '하고 있는 중'이거나 '움직이고 있는 중'이라는 '발생중'의 현재적 의미를 현재적 의미를 담고 있는 '동사구'를 표현해본 예문들이다.

문장 중 사용된 '현재분사구'의 용법을 분석해보면 다음과 같다.

- (Keeping) quiet _**is**_ impossible for her.
  조용히 하는 것은 불가능한 상태*이다* / 명사구(주어)
- A *child* (sleeping) in a cradle looks very peaceful.
  자고 있는 *아이* / 형용사구(명사 수식)
- We _**passed**_ the evening very pleasantly, (eating snacks) and (playing some board games).
  과자를 먹고 보드게임을 하면서 **보냈다** / 부사구(동사 수식)
- The boy, (opening the door), _**looked**_ at me.

문을 **열면서, 보았다** / 부사구(동사 수식)

- The **_dog_ (running)** along the beach stopped suddenly.

  달리던 강아지 / 형용사구(명사 수식)

- A new **_bridge_ (connecting** the two provinces**)** has been built.

  두 지방을 **연결하는 새 _다리_** / 형용사구(명사 수식)

- The water I give him will become in him a spring of **_water_ (welling)** up to eternal life.

  솟아 나는 물 / 형용사구(명사 수식)

- We **_saw_** the old man **(crossing the road)**.

  우리는 그 노인이 **도로를 건너고 있는 것(상태)**을 보았다. / 형용사구 (목적 격보어, 목적어의 상태)

- The ball **_went_ (flying)** over the roof. (계사동사)

  그 공은 **날아가고 있는 상태 였다** / 형용사구(주격보어)

  → 그 공은 지붕 너머로 **날아 갔다.** / 부사구(동사 수식)

- The old man **_lay_ (dying)**. (계사동사)

  그 노인은 **죽어가고 있는 상태 였다.** / 형용사구(주격보어)

- You **_should have_** some trouble **(finding his house)**.

  그의 집을 찾는 데 있어 어려움을 **겪을 것이다** / 부사구(동사 수식)

➡️ 과거분사구(V+ed)

2그룹에서 동사를 사용해서 1그룹을 도우려면 동사구나 동사절을 사용해야 한다. 동사구를 사용하려 할 때 To부정사구, 현재분사구, 과거분사구들 중에서 하나를 골라야 한다면, 미래적 의미면 'to'를 붙이는 'To부정사구'를, 현재적 의미이면 '~ing'를 붙이는 '현재분사구'를, 그리고 과거적 의미이면 '~ed'를 붙이는 '과거분사구'를 사용하면 된다. 다음 예문들을 읽고 분석해보자.

- She seemed satisfied with his explanation.
- I saw him tired.
- The picture painted by your sister is like Picasso's work.

- The play acted impresses more than a play read.
- The kingdom of heaven is like treasure hidden in a field. (마 13:44)
- I was having dinner with a group of level 5 leaders gathered for a discussion about organizational performance.
- Dressed a little more elegantly, she would in no way have jarred with the tone of average middle-class society.

앞의 예문들은 2그룹에 나온 동사에 '~ed'를 붙여 사건의 '발생후'를 설명하면서 과거의 의미 또는 수동의 의미를 나타내는 '과거분사구' 예문들이다. 분석하면 다음과 같다.

- She ***seemed*** (**satisfied**) with his explanation.
  만족한 상태인 것 같다. / 형용사구(주격보어)
- I ***saw*** him (**tired**).
  그가 **피곤해 진 것(상태)을 보았다** / 형용사구(목적격보어)
- The ***picture*** (**painted**) by your sister is like Picasso's work.
  네 여동생이 **그린 그림**은 / 형용사구(명사 수식)
- The ***play*** (**acted**) impresses more than a ***play*** (**read**).
  읽혀지는 희곡 보다 **상연되는 희곡**이 더 / 형용사구(명사 수식)
- The kingdom of heaven is like ***treasure*** (**hidden**) in a field.
  밭에 **감추인 보화** / 형용사구(명사 수식)
- I was having dinner with a group of ***level 5 leaders*** (**gathered**) for a discussion about organizational performance.
  토론을 위해 **모인 5급 지도자들** / 형용사구(명사 수식)
- (**Dressed**) a little more elegantly, she ***would*** (*in no way*) ***have jarred*** with the tone of average middle-class society.
  조금 더 고상하게 **옷을 입었더라면** 그 여자는 평균 중류 사회의 기풍에 결코 ***거슬리지는 않았을 것이다.*** / 부사구(동사 수식)

➡ 관계사절[관+V]

2그룹에서 동사를 사용해서 1그룹을 도우려면 동사구나 동사절을 사용해야 한다. 동사절에는 관계사절과 접속사절이 있다.

관계사절은 선행 된 명사를 지목하여 꾸며 수식한다. 그래서 전부 다 형용사의 역할만 한다. 형용사 역할을 하는 관계사절을 가리켜 형용사절이라 한다. 관계대명사가 관계사절을 이끄는 동사의 왼쪽에 나와 주어의 자리를 차지 하고 있으면 '주격관계대명사', 하다동사의 오른쪽에 나와 목적어의 자리를 차지하고 있으면 '목적격관계대명사'라 한다. 관계사에는 관계대명사 외에, 관계형용사와 관계부사가 있다. 이들도 모두 관계사절을 이끌고 선행 명사를 지목해 수식하는 형용사 역할을 한다.

박기엽은 '우리말 분석영어'에서 종속절을 설명하면서 그 하부 항목으로 형용사절을 다루는데, 거기에서 관계사절을 자세히 설명하고 있다. 그는 관계사절을 아예 형용사절이라 부르고 있다.

이 말은 무엇인가? 정확한 채널로 탁월하게 설명하고 있다는 말이다.

2그룹에서 동사를 사용해 1그룹을 도우려 할 때, 2그룹에서 사용되는 동사는 '동사구'의 형태로 만들든지 '동사절'의 형태로 만들어 사용해야 한다. 이때 동사절을 사용하려 할 때, '관계사절'을 사용하든지 '접속사절을' 사용한다. 여기서 사용되는 '관계사절'은 모두 선행된 명사를 꾸며 수식하기 때문에 모두 '형용사절'이라는 말이다. 박기엽은 그것을 강조하고 있는 것이다.

'우리말 분석영어'보다 더 자세히 관계사절을 설명하고 있는 책은 보질 못했다. '우리말 분석영어'에서 선별한 다음 예문들[4]을 읽고 관계사절의 형용사적 기능을 설명해보자.

The girl who is reading the book in the library is my sister.

There once lived in Greece the man who was called Socrates.

He is the boy whom I met there.

The girl whom he wants to meet is my sister.

I met the man with whom he talked.

She is the lady of my dreams with whom I may spend of life.

This is the book that is very valuable to teachers.

4　박기엽, 『알기 쉬운 우리말 분석영어』 (서울: 지식산업사, 1994), pp. 259-345.

This is the book he gave John yesterday. (생략)

The flower my mother likes is rose. (생략)

The letter he was looking forward to came at last. (생략)

Peary was the first man that reached the North Pole.

All that glitters are not gold.

위 예문들의 분석은 생략한다. 위에 사용된 관계대명사절은 모두 2그룹에서 만들어진 형용사들이다. 형용사를 향해 가기 때문에 모두 **형용사절**인 것이다.

관계사절을 이끄는 관계사로는 관계대명사뿐만 아니라 아래 예문들에 나오는 관계형용사(whose)와 관계부사(where, how, when, why)도 있다.

This is the book whose contents we can read.

There are mountains whose tops are covered with snow in summer.

I know the house where he lives.

I remember the day I went to school for the first time. (생략)

The way they look at the world is different. (생략)

This is why he lives alone. (선행사 생략)

위에 나오는 관계형용사절과 관계부사절 또한 모두 **명사를 수식하는 형용사로 쓰이고 있는 형용사절**이다. 참고로, 관계사절을 이끄는 관계사들(관계대명사, 관계형용사, 관계부사)은 자주 생략이 된 채 문장에 나오기도 한다. 따라서 생략된 관계사를 찾는 훈련을 많이 해야 더 빨리 더 정확히 읽고 쓰고 듣고 말할 수 있게 된다.

그런데, 관계대명사 중에는 소위 선행사를 포함한 관계대명사가 있다. '선행사를 포함한다'는 말은 선행사가 생략되고 없어 관계사절 자체가 주어, 목적어, 보어 같은 명사 자리에 위치하여 **명사절**이 된다는 말이다.

다음 예문을 보자.

· It is not clear what she means.

· Why God gave his only Son is that whoever believes in him shall not perish but have eternal life.

- They want to know how planes can fly.
- The question is what they think you.

분석해보면 다음과 같다.

- It *is* not clear [what she means].
  그녀가 뭘 의미하는지는 분명하지 않다. / 명사절(주어 자리)
- [Why God gave his only Son] *is* that whoever believes in him shall not perish
  but have eternal life.
  하나님께서 독생자를 주신 이유는 그를 믿는 자는 멸망하지 않고 영생을 얻
  게 하려 하심이다. / 명사절(주어 자리)
- They want (to ***know***) [how planes can fly].
  비행기가 어떻게 날 수 있는지 알기를 / 명사절(목적어 자리)
- The question *is* [what they think you].
  문제는 그들이 너를 뭐라고 생각하는지이다. / 명사절(주격보어)

➡ 접속사절[접+N+V]

2그룹에 나오는 동사절에는 관계사절과 접속사절이 있다. 접속사절은 '접속사+N+V'
의 형태로 1그룹을 향해 가서, 문장구조 안에 명사자리를 차지하기도 하고, 1그룹의 동
사, 형용사, 부사 등과 만나 부사절을 만들어 내기도 한다. 접속사에는 that, when, as,
whether, if, after, before, because, though, since, as long as, unless 등이 있는데, 시간·양보·
조건·이유·목적·비교·양태 등을 설명한다. 여기서는 등위접속사는 다루지 않겠다. 접속
사절을 이끌고 있는 다음 예문들을 살펴보자.

- It is true that the book is very valuable.
- I know that it is very easy to study English.
- We wonder if you have any suggestions.
- Whenever I went there, I met him.

- Do in Rome as the Romans do.
- After I finished my homework, I went out for a walk.
- He has lived here since he was born.
- As soon as I heard the fire bell, I ran out of the room.
- He was late for school because he missed the bus.
- She will comb her hair at the table even though she knows I don't like it.
- He was so angry that he could not speak.

위 영문들에 사용된 접속사절의 용법을 분석해보면 다음과 같다.

- It *is* true [that the book is very valuable].
  그 책이 매우 가치 있다는 것은 사실*이다*. / 명사절(주어 자리)
- I *know* [that it is very easy to study English].
  영어를 공부하는 것은 매우 쉽다는 것을 *안다* / 명사절(목적어 자리)
- We *wonder* [if you have any suggestions].
  당신이 어떤 제안을 가지고 있는지 *궁금하다* / 명사절(목적어 자리)
- [Whenever I went there], I *met* him.
  거기를 갈 때마다, 나는 너를 *만났다*. / 부사절(동사 수식)
- *Do* in Rome [as the Romans do].
  로마 사람들이 하는 것처럼 *해라* / 부사절(동사 수식)
- [After I finished my homework], I *went* out for a walk.
  숙제를 마친 후에 *갔다* / 부사절(동사 수식)
- He *has lived* here [since he was born].
  그가 태어난 후로 여기서 *살았다* / 부사절(동사 수식)
- [As soon as I heard the fire bell], I *ran* out of the room.
  화재 경보 소리를 듣자마자 나는 *달렸다* / 부사절(동사 수식)
- He *was* late for school [because he missed the bus].
  버스를 놓쳐서 지각 *했다* / 부사절(동사 수식)
- She *will comb* her hair at the table [even though she knows I don't like it].
  싫어하는 것을 알면서도 머리를 *빗을 것이다* / 부사절(동사 수식)

- He was *so* angry [that he could not speak].
  말할 수 없을 정도로 *그렇게* 화가 났다 / 부사절(부사 수식)

    지금까지 살펴본 바와 같이 영어의 사고 방식은 다음에 나오는 도식과 같은 구조 중심의 사고방식이다. 그리고 2그룹의 언어재료가 1그룹의 언어재료를 만날 때 만들어지는 새로운 품사를 인지하는 방법을 바로 영어의 문법이라고 하는 것이다.

    그러므로 영어에서 실제로 사용하는 품사는 아래 도식에 나오는 10개의 영어재료인 것이다. 김준기는 상황영어에서 이를 가리켜 '영어의 10품사'[5]라 칭한다.

    영미 사람들이 실제로 사용하는 10품사는 1그룹에 있는 4개(명사, 동사, 형용사, 부사)와 2그룹에 있는 6개(전치사구, To부정사구, 현재분사구, 과거분사구, 관계사절, 접속사절)이다. 이 실제적인 10개의 언어재료들을 잘 사용해야 영어를 잘 할 수 있고, 영어의 구조 중심적 사고방식을 따라잡을 수 있는 것이다.

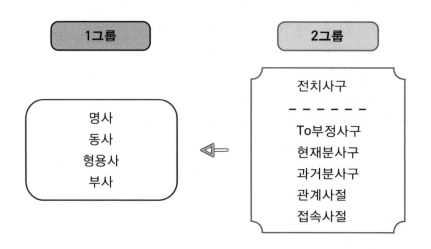

---

5   김준기, 앞의 책, 232쪽.

* **연습문제 7**: 다음 문장에서 2그룹 언어재료들이 1그룹 언어재료들을 만나면서 어떤 품사로 새롭게 만들어져 사용되는지 그 사고 방식의 과정을 설명하시오.

---

01. You are to obey your parents.

02. He was to believe me an expert of the machine.

03. The king gave a great reward to the man to teach him the right time to being anything.

04. One of the first men to guess about the shape of the earth was Eratosthenes of Egypt.

05. The poor farmer was a strange man to live alone on the edge of a village in India.

06. Our responsibility is to keep our natural environment clean and beautiful.

07. The boy decided to buy the lovely girl a very beautiful and valuable present.

08. It is our task to lend many citizens many books during this reading week.

09. He is strong enough to lift the stone in the valley.

10. Beethoven used these nature's sounds in his music to tell us something about the peacefulness and beauty of the country.

11. A great force which holds the earth, together holds the air around the earth, and makes things drop to the ground is gravity.

12. This is the theory that makes the difficult structure of English easy.

13. They came to a steep place where no one seems to be able to go farther.

14. This is the way how I speak to them in parables.

15. It is the custom in our country that young people give up their seats to old people in a crowded bus.

제08장

성공 드라마: '9개 구조로 영어 정복'

시 한 편을 감상해보자.
다윗의 시다.

Psalm 23

The LORD is my shepherd, I shall not be in want.
He makes me lie down in green pastures,
he leads me beside quiet waters,
he restores my soul.

He guides me in paths of righteousness for his name's sake.
Even though I walk through the valley of the shadow of death,
I will fear no evil, for you are with me;
your rod and your staff, they comfort me.

You prepare a table before me in the presence of my enemies.
You anoint my head with oil; my cup overflows.
Surely goodness and love will follow me all the days of my life,
and I will dwell in the house of the LORD forever.

영어로 쓰고 말하고 읽고 듣는 영미 사람들의 일상에서 그들이 실제로 사용하는 품사는 10개다. 1그룹에 있는 4개(명사, 동사, 형용사, 부사)의 품사와 2그룹에 있는 6개(전치사구, To부정사구, 현재분사구, 과거분사구, 관계사절, 접속사절)의 품사다. 1그룹에 있는 4개의 품사들은 원래 기능이정해져있던 '정 품사'이고, 2그룹에 있는 6개의 품사들은 아직 정확한 기능이 정해지지 않은 '부정 품사'다. 2그룹의 '부정 품사'들 또는 '부정사'들은 1그룹을 향해 가면서, 어떤 1그룹 언어재료를 만나는가에 따라 자신의 최종 품사가 정해 진다.

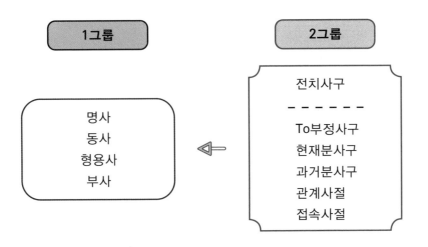

명사를 만나면 **형용사**가 된다.

동사를 만나면 **부사가** 된다.

형용사를 만나면 **부사가** 된다.

부사를 만나면 **부사가** 된다.

또는 1그룹 구조 중에 어떤 하나의 자리(위치)를 차지하여 주어나 목적어 역할을 하는 명사가 되기도 하고, 보어 자리를 차지하여 정체를 나타내는 명사가 되기도 하고 상태를 나타내는 형용사가 되기도 한다.

위10개의 품사들은 결국 무슨 품사가 되어 결과로 나타나는가? 명사, 형용사, 부사 세 가지다. 10개의 언어재료들이 문장이라는 영어 구조 속에서 역할을 할 때는 **동사를** 중심으로 결국 **명사, 형용사, 부사**라는 3개의 품사로만 결정된다.

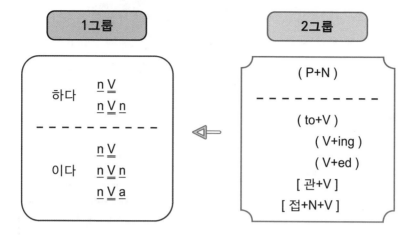

위의 도식을 보라!

이 모든 언어재료들은 결국 **동사**를 향하고 동사만을 설명하려고 헌신하며 봉사한다. 2그룹 언어재료들은 1그룹만 바라보며 달려 가고, 1그룹 언어재료들 또한 모두 동사를 중심으로 자리잡고 있다.

상황영어의 김준기가 옳았다.

그는 "언어는 동사의 변증이다" 라고 했고, "모든 말은 동사로 간다"고 했으며, "하나의 상황에는 반드시 한 개의 동사만 있다"고 했다.[1] 정말 통쾌한 선언이 아닐 수 없다.

언어는 동사의 변증이라는 말의 예를 들어 보자. 아래의 동사를 읽고 대화해보자.

먹다!

- 동생이 피자를 먹는다.
- 귀여운 동생이 따뜻한 피자를 맛있게 먹는다.
- 나보다 열 살 어린 귀여운 동생이 막 도착해서 따뜻한 피자를 거실에서 TV를 보면서 맛있게 먹는다.
- 나보다 열 살 어린 귀여운 동생이 막 도착해서 따뜻한 피자를 거실에서 TV를 보면서 손과 입에 양념을 묻혀 가면서 맛있게 먹는다.
- 나보다 열 살 어린 귀여운 동생이 막 도착해서 따뜻한 피자를 거실에서 TV를 보면서 손과 입에 양념을 묻혀 가면서 둘이 먹다 하나가 죽어도 모를 것처럼 맛있게 먹는다.
- 나보다 열 살 어린 귀여운 동생이 막 도착

---

1 김준기, 앞의 책, 78-79쪽.

해서 따뜻한 피자를 거실에서 TV를 보면서 손과 입에 양념을 묻혀 가면서 둘이 먹다 하나가 죽어도 모를 것처럼 맛있게 밤 12시에 먹는다.

- 나보다 열 살 어린 귀여운 동생이 막 도착해서 따뜻한 피자를 거실에서 TV를 보면서 손과 입에 양념을 묻혀 가면서 둘이 먹다 하나가 죽어도 모를 것처럼 맛있게 밤 12시에 너무 배가 고파서 먹는다.

- 나보다 열 살 어린 귀여운 동생이 막 도착해서 따뜻한 피자를 거실에서 TV를 보면서 손과 입에 양념을 묻혀 가면서 둘이 먹다 하나가 죽어도 모를 것처럼 맛있게 모두가 잠든 밤 12시에 건강 검진 때문에 하루 종일 금식한 나머지 너무 배가 고파서 먹는다.

- 나보다 열 살 어린 귀여운 동생이 막 도착해서 따뜻한 피자를 아무도 없는 넓은 거실에서 새로 구입한 최신식 디지털 TV를 누가 와서 잡아가도 모를 정도로 재미있게 보면서 앙증맞은 손과 앵두 같은 입에 붉은 양념을 묻혀 가면서 둘이 먹다 하나가 죽어도 모를 것처럼 맛있게 모두가 너무 피곤해서 잠든 밤 12시에 건강검진 때문에 하루 종일 금식한 나머지 배에서 꼬르륵 소리가 날 만큼 너무 배가 고파서 먹는다.

보라!

> 언어는 동사의 변증이다.
> 모든 말은 동사로 간다.
> 하나의 상황에는 반드시 한 개의 동사만 있다.

'먹다'라는 동사를 중심으로 해서, '동생'과 '피자'라는 **명사**, '귀여운'과 '따뜻한'이라는 **형용사**, '맛있게'라는 **부사**를 시작으로, 여러 가지 2그룹 언어재료들이 쏟아지면서, 각양의 명사들을 더 자세히 꾸며주는 **형용사**들, 형용사를 더 자세히 설명(상태에 대한 설명, 감정에 대한 이유, 판단에 대한 근거 등)해 주는 **부사**, 주관적 부사를 보다 객관적으로 이유를 말해가며 설명해 주는 **부사** 등이, 장소, 방법, 시간, 이유를 설명해 가며 동사를 변증하고 있다.

따라서 모든 언어는 동사를 중심으로 3가지 품사만 정리하면 된다. 물론 영어도 마찬가지다. 결국 문장 안에서 동사를 중심으로 명사, 형용사, 부사인지만 설명하면 영어 문법은 끝난다. 왜냐하면, 문법이란 문을 구성하는 원리이기 때문이다. 영어에서 문(文)을 구성하는 원리는 동사를 중심으로 명사, 형용사, 부사의 문장 구성 안에서의 구조를 밝혀내는 원리와 동사를 중심으로 명사, 형용사, 부사의 인지 과정을 밝혀내는 원리 두 가지다.

　조금 더 쉽게 말하자면 동사를 중심으로 명사, 형용사, 부사의 관계를 설명하는 것, 이것이 영문법이다.

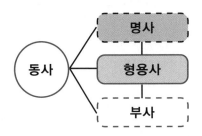

　위의 도식을 자세히 보라. 이것이 바로 영문법이다.

　영어에서 한 문장에 동사는 하나뿐이다. 이 말은 반드시 한 문장에서 동사는 한 개만 있어야 옳은 문장이라는 말이다. 그런데 긴 문장을 보게 되면 동사 출신들이 여기저기 더러 보일 때가 있을 것이다. 그것들은 동사(Main Verb)가 아니라, '동사구(준동사)' 또는 '동사절'일 뿐이다. 한 문장에서 동사는 반드시 한 개만 있다. 그래야 옳은 문장이다.

　영어를 잘하려면 하나의 동사를 중심으로 명사, 형용사, 부사가 각각 어떻게 구조 속에서 자리를 차지하고, 또한 각각 어떻게 인지 과정을 이루어가는지를 파악해야 한다.

- 첫째, **명사**는 문장구조 속에서 어디에 자리를 잡고 있고 또 인지 과정 속에 어떻게 참여하는가?
- 둘째, **형용사**는 문장구조 속에서 어디에 자리를 잡고 있고 또 인지 과정 속에 어떻게 참여하는가?
- 셋째, **부사**는 문장구조 속에서 어디에 자리를 잡고 있고 또 인지 과정 속에 어떻게 참여하는가?

　영어를 잘 하려면 위의 세 가지 질문을 계속 던지고 그 답을 찾아야만 한다.

　다음 두 가지 도식을 자세히 살펴보자. 이제 너무나 익숙한 그림들일 것이다. 이 그림들이 익숙하다면 이미 상당한 영어 실력자일 것이다.

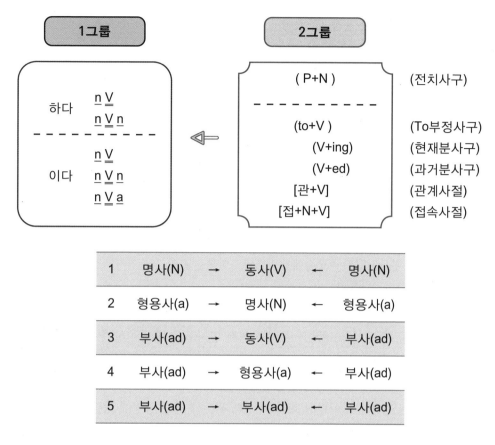

1	명사(N)	→	동사(V)	←	명사(N)
2	형용사(a)	→	명사(N)	←	형용사(a)
3	부사(ad)	→	동사(V)	←	부사(ad)
4	부사(ad)	→	형용사(a)	←	부사(ad)
5	부사(ad)	→	부사(ad)	←	부사(ad)

상황영어의 김준기가 발견해 낸 영어 학습법의 역사 중 최고의 발명품인 위 두 도식을 보이는 그대로, 조금 더 자세히 짚어보며 다음 세 가지 질문에 답해보자.

- 첫째, **명사**는 문장구조 속에서 어디에 자리를 잡고 있고 또 인지 과정 속에 어떻게 참여하는가?

명사는 1그룹에서 주어(하다동사와 이다동사의 동사 왼쪽에 나오는 모든 주어)자리, 목적어('하다동사 nVn 꼴'에서 동사 오른쪽 목적어)자리, 그리고 보어('이다동사 nVn 꼴'에서 동사 오른쪽 주격보어)자리를 차지한다. 이때 명사 보어는 주어의 정체·동격·본질·자격·신분을 설명한다. 또한 명사는 2그룹에서 **전치사의 목적어**(P+N) 자리를 차지하여 전치사구를 만들어 1그룹을 향해 가기도 한다.

결론적으로 명사는 주어, 목적어, 보어, 전치사의 목적어라는 4가지 용도로만 사용된다.

- 둘째, **형용사**는 문장구조 속에서 어디에 자리를 잡고 있고 또 인지 과정 속
  에 어떻게 참여하는가?

　형용사는 명사 앞에서 또는 명사 뒤에서 명사를 **꾸며 수식하는** 한정적 용법으로 인지 원리 과정에 참여한다. 또한 형용사는 1그룹에서 보어('이다동사 nVa 꼴'에서 동사 오른쪽 주격보어)자리를 차지하여 주어의 상태·기분·감정·판단·평가를 **풀어 설명하는** 서술적 용법에 쓰이기도 한다.

　결론적으로 형용사는 명사를 꾸며 수식하는 **한정적 용법**과 명사를 보어 자리로 끌고 가서 풀어 설명하는 **서술적 용법** 2가지 용도로만 사용된다.

- 셋째, **부사**는 문장구조 속에서 어디에 자리를 잡고 있고 또 인지 과정 속에
  어떻게 참여하는가?

　부사는 동사를 수식(부사→동사←부사)하면서 인지 과정에 참여하거나, 형용사를 수식(부사→형용사←부사)하면서 인지 과정에 참여한다. 또는 부사는 다른 부사를 수식(부사→부사←부사)하면서 인지 과정에 참여한다. 부사가 형용사를 수식하면서 인지 과정에 참여 할 때는, 형용사가 이렇게 표현 된 상태에 대한 설명, 감정에 대한 이유, 또는 판단에 대한 근거를 자세히 말해 주기도 한다. 그리고 부사가 또 다른 부사를 수식하면서 인지 과정에 참여 할 때는, 주관적인 부사를 향해 가면서 보다 객관적인 설명을 만들어 낸다.

　결론적으로 부사는 **동사**, **형용사**, **부사**를 수식하는3가지 용도로만 사용된다.

　종합해보자.

　동사를 중심으로 명사, 형용사, 부사가 각각 어떻게 영어의 문장구조 속에서 자리(위치)를 차지하면서 영어의 인지 과정에 참여하는지를 살펴 보았는데, 명사는 4개, 형용사는 2개, 부사는 3개의 용도로만 사용되는 것을 알았다.

　9개뿐이다. 더 이상 없다. 이것이 영어의 구조다. 영어에는 동사를 중심으로 9가지 구조가 있을 뿐이다.

결론이다.

> 영문법이란 동사를 중심으로 형성된 9가지 영어 구조 속에서 2그룹 품
> 사(6개)가 1그룹 품사(4개)를 찾아가는 인지 과정을 설명하는 방법이다.

보라! 다음 도식 두 개가 영문법의 모든 것을 말해 준다.

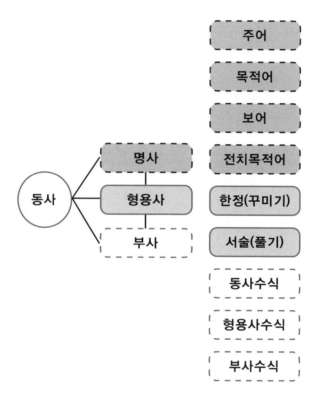

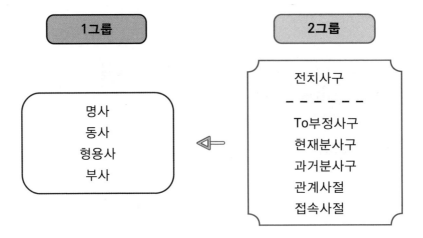

위 두 도식을 결합하면 결국 다음과 같은 도식 몇 개가 완성된다.

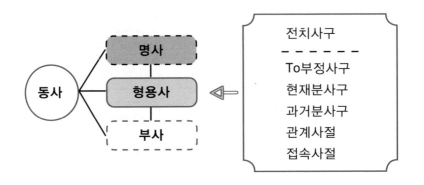

　2그룹에서 연결어로 만들어진 6개의 품사((P+N), (to+V), (V+ing), (V+ed), [관계대명사+V], [접속사+N+V])는 문장구조 속에 들어 가기 전까지는 명사, 형용사, 부사 중에 무엇이 될지 아직 정해지지 않았다. 그래서 이 6개의 만들어진 품사를 가리켜 전부 다 부정사(不定詞)라 한다. 이제, 2그룹에 있는 이 6개의 부정품사가 9개의 영어 구조 속으로 각각 찾아 가는 과정을 배우게 될 것이다. 6개의 부정사는 아래의 도식에서 보듯이 9개 구조 중에 어디로 찾아 들어가 그 자리에 위치하는가에 따라서, 그리고 어느 품사를 지목하여 수식하는가에 따라서 품사로서의 최종 운명이 새롭게 결정된다.

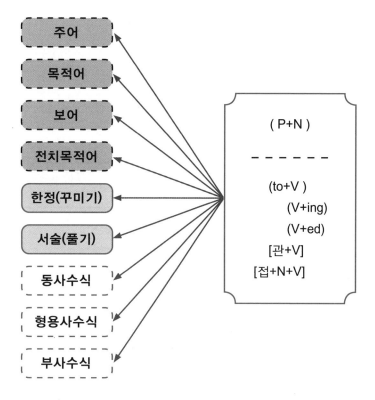

이제 9개 구조를 들고 영문법을 정복해보자. 이것이 바로 진짜 영문법이다. 영어는 틀리는 게 기적이다! 이것을 곧 체험하게 될 것이다. "어떻게 영어를 틀리지?"라는 말이 머지 않아 입에서 맴돌게 될 것이다.

영어의 구조 중심 사고방식을 따라잡기 위해서는 영어 언어재료의 위치를 잘 살펴 보아야 한다. 그리고 위치를 잘 파악하려면 그림과 도식을 사용하는 것이 훨씬 더 효과적이다. 언어재료의 위치를 그림 또는 도식으로 자세히 보여 주며 인지 과정을 설명하는 언어 학습법을 바로 '구문도해'라 한다. 구문도해는 구조 중심적 사고방식을 갖는 언어 습득에 필수적인 학습법이다. 구조는 한 마디로 위치다. 따라서 위치를 보다 더 잘 설명해 주는 그림과 도식 속에서 위치를 배치하는 구문도해 방식을 마스터해보자.

이제부터 구문도해의 방법으로 9가지 영어 구조를 정복해보겠다.

다음 장에서 구문도해의 기초 원리를 터득한 후 10장부터 12장에 거쳐 명사 구조 4개, 형용사 구조 2개, 부사 구조 3개로 구분하여 지금까지 이미 다루어 본 예문 위주로 구문도해 연습을 해보도록 하겠다. 포기하지 말자. 고지가 바로 눈 앞에 있다. 9개 구조로 영어를 정복하는 성공 드라마의 주인공이 되어 보자.

* **연습문제 8**: 아래 도식 2개를 보고, "영어에는 동사를 중심으로 9가지 구조가 있다"는 의미를 설명하고, 9가지 영어 구조 속에서 6개의 2그룹 품사가 4개의 1그룹 품사를 찾아가 새로운 품사로 탄생되는 인지 과정을 설명하시오.

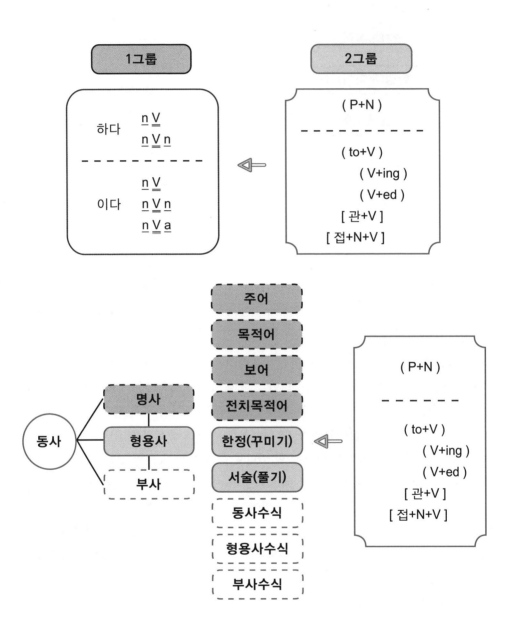

제09장

Warming-Up! 구문도해

구문도해(Diagramming Sentences)란 언어학에서 문장의 구조를 분석하기 위해 이를 그림으로 표현하는 것을 말한다. 문장 속 언어재료의 위치를 그림과 도식으로 펼쳐 각 구조 속에서의 자리 배치를 구체적으로 보여주는 언어 학습법이다. 문장을 이루고 있는 구성 성분을 분해하고 그들 사이의 위계 관계를 분석하여 문장의 구조를 결정하는 구문분석(Parsing)의 일종이라 할 수 있다.

따라서 문장구조 속에서 언어재료 간의 관계 및 인지 과정을 보다 더 정밀하게 설명해 줄 수 있다. 컴퓨터 운영체제로 치자면 앞서 배운 줄 치고 괄호 치는 분석 방법은 도스(DOS) 운영체제라, 이제부터 배울 구문도해를 통한 분석 방법은 윈도우(WINDOWS) 운영체제라 할 만하다. 아무리 어렵고 복잡한 문장이라도 구문을 도해하여 그 구조를 들여다 보면, 누구나 쉽고 빠르고 정확하게 인지할 수 있다. 그러므로 구문도해는 영어의 구조를 쉽고 빠르고 정확하게 깨우치는 데 있어 가장 효율적이며 과학적인 필수학습법이라 할 수 있다. 지금부터 영어의 9가지 구조를 구문도해 방식을 마스터해보겠다.

구문도해 방식으로 영어를 설명하고 있는 국내 교재로는 대표적으로 류진의 '영어구문론'과 박기엽의 '우리말 분석영어', 그리고 김준기의 '상황영어'를 들 수 있다. 꼭 참고하기 바란다.

영어구문론에서 류진은 문법 설명 전반에 거쳐 구문도해를 통하며 보다 구체적인 이해를 도모하고 있다.

한편 우리말 분석영어에서 박기엽은 먼저 영어 문장의 다섯 가지 형식(문장의 5형식 구조)을 구문도해 하여 입체적으로 설명한 후, 이어서 '구(Phrase)'와 '절(Clause)'로 크게 나누어서 보다 자세한 구문도해의 실례를 보여주고 있다. '구'에 대한 구문도해를 설명할 때 명사구·형용사구·부사구로 나누며, '절'을 설명할 때도 동일하게 명사절·형용사절·부사절로 나눈다. 이를 통해 동사를 중심으로 명사, 형용사, 부사인지만 설명하면 영어

문법은 완성된다는 사실을 구체적으로 증명한다. '구'를 이끄는 언어재료에는 전치사구(P+N), To부정사구(to+V), 현재분사구(V+ing), 과거분사구(V+ed)라는 2그룹 언어재료가, '절'을 이끄는 언어재료에는 관계사절[관계대명사+V]과 접속사절[접속사+N+V]이 있다. 박기엽이 구와 절 두 종류로 나누어 문법을 설명하고 있음을 눈여겨보기 바란다.

그리고 상황영어에서 김준기는 2그룹 언어재료를 '전치사구', '동사구', '동사절' 세 가지로 구분하여 구문도해를 설명한다. 2그룹 언어재료를 '전치사구(P+N)', '동사구〈(to+V), (V+ing), (V+ed)〉', '동사절〈[관계대명사+V], [접속사+N+V]〉' 이렇게 세 종류로 구분해본 것이다. 2그룹 언어재료는 처음에는 명사연결어 그룹과 동사연결어 그룹이라는 두 종류로 구분되었다. '(P+N)'은 명사연결어 언어재료 그룹이고, '(to+V), (V+ing), (V+ed), [관계대명사+V], [접속사+N+V]'은 동사연결어 언어재료 그룹이다. 동사연결어 그룹을 구와 절로 다시 나눈 것이다. 그래서 모두 전치사구, 동사구, 동사절과 같이 세 그룹이 된 것이다.

본서에서는 박기엽 방식의 장점과 김준기 방식의 장점을 결합시킨 구문도해 방식을 사용하여 9가지 영어 구조를 설명해보겠다.

먼저 박기엽의 방식처럼 크게 명사, 형용사, 부사로 3 섹션으로 나누어 구문도해 연습을 해보겠다. 그리고 동시에 김준기의 방식처럼 2그룹 언어재료를 각 9가지 영어 구조(명사 4 개, 형용사 2개, 부사 3개)에 연결시키는 과정 속에 발생하는 인지원리를 구문도해를 사용하여 설명해보겠다.

이를 위해 '2그룹' 언어재료를 크게 '명사연결어 언어재료 그룹'과 '동사연결어 언어재료 그룹' 두 종류로 구분하겠다.

그래야 보다 간단명료하게 이해되기 때문이다. 이 두 종류의 언어재료가 각 9개의 영어 구조 속으로 들어가 결합되면서 발생하는 진짜 품사(최종 결정된 품사)를 구문도해 방식을 사용하여 정밀하게 분석할 것이다.

우선, 본 9장에서 구문도해 전반에 대한 원리와 기초지식을 쌓으며 워밍업을 한다. 명사, 형용사, 부사를 각 파트로 나누어 제10장에서는 '4종의 명사 구조' 구문도해 연습, 11장에서는 '2종의 형용사 구조' 구문도해 연습, 그리고 12장에서는 '3종의 부사 구조' 구문도해 연습을 이어가도록 하겠다.

문장의 4요소가 있다. 주, 종, 주, 술이 그것이다. 주요소, 종요소, 주부, 술부를 말한다. 이들 문장의 4요소는 구문도해 시 다음과 같이 도식 속에 각각 배치된다.

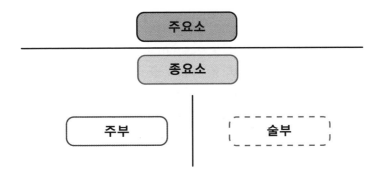

먼저 주요소와 종요소를 살펴보겠다.

주요소는 '동사'와 '그 동사의 주체들'을 말한다. 수평선 상단에 위치한다.

동사의 주체들에는 동사의 동작을 발생시키는 주체(주어)와 발생 당하는 주체(목적어), 그리고 동사의 상태를 설명하는 주체(주어)와 설명 받는 주체(주격보어)가 있다. 즉 주어, 목적어, 보어를 말한다. 주부의 주요소에는 '주어'가 있고, 술부의 주요소에는 '동사'와 '목적어', 그리고 '보어'가 있다. 때로는 목적어가 두 개(간접목적어, 직접목적어)가 올 때가 있고, 또는 목적보어가 올 때도 있다.

이러한 주요소는 문장의 구조(문장의 형식)를 지배한다. 아래의 '5가지 문장 형식'의 언어재료는 모두 주요소이다.

> 1형식 문장 : S + V (완전자동사)
> 2형식 문장 : S + V + C (불완전자동사)
> 3형식 문장 : S + V + O (완전타동사)
> 4형식 문장 : S + V + O + O (완전타동사)
> 5형식 문장 : S + V + O + C (불완전타동사)

그리고 본서에서 계속 일관되게 사용한 아래의 '5가지 동사의 꼴'도 모두 주요소이다.

하다동사의 nV 꼴
하다동사의 nVn 꼴
이다동사의 nV 꼴
이다동사의 nVn 꼴
이다동사의 nVa 꼴

따라서 주요소는 '1그룹' 언어재료 중 문장의 구조를 지배하는 명사와 동사를 말한다. 그리고 풀어 설명하는 서술적 용법으로 사용되는 보어자리의 형용사도 주요소가 된다. 한편 '1그룹' 언어재료 중 꾸며 수식하는 한정적 용법의 형용사와 부사는 일종의 수식어이므로 주요소가 아니라 종요소에 해당한다. 단 '2그룹'언어재료가 영어의 문장구조 속에서 지배적인 자리에 위치하고 있으면 2그룹 언어재료도 주요소가 될 수도 있다.

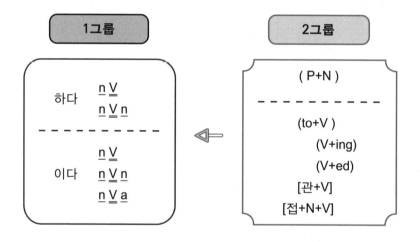

위의 도식을 시계 방향으로 90도 회전시켜 보자. 아래와 같이 변한다.

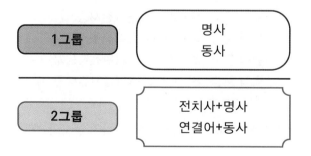

주요소와 종요소가 보일 것이다.

1그룹은 주요소이고 2그룹은 종요소인 것이다.

종요소는 수식어를 말한다. 수평선 하단에 위치한다. 꾸밈어, 형용어, 제한어 등의 수식어는 모두 종요소이다. 따라서 명사를 꾸며 수식하는 한정적 용법의 형용사와 관사(정관사와 부정관사), 그리고 동사를 수식하는 부사 등은 모두 종요소이다. 그리고 2그룹 언어재료가 동사, 형용사, 부사를 향해 어느 것 하나를 지목하여 도우러 가면 모두 수식어인 종요소이다.

이어서 주부와 술부를 살펴보자.

주부는 중심 수직선 좌편에 위치한다. 주어와 주어를 수식하는 형용사를 말한다. 뿐만 아니라 주어 명사를 향해 오는, 2그룹 언어재료인 형용사도 모두 주부에 속한다. 그리고 주부의 형용사를 구체적으로 설명하는 각종 부사도 주부에 속한다.

한편 **술부**는 중심 수직선 우편에 위치하는데, 동사(하다동사, 이다동사)와 그 동사를 수식하는 부사를 말한다. 뿐만 아니라 문장구조에서 지배적 역할을 하는 목적어와 주격보어(명사 또는 형용사), 그리고 목적보어(명사 또는 형용사)도 술부에 속한다. 그리고 술부의 주요소를 수식하는 각종 종요소 또한 술부에 속한다. 특히 연결어를 사용하여 '만들어진 2그룹 언어재료'가 동사, 목적어, 주격보어, 목적보어를 수식할 때 이들도 모두 술부에 속한다.

자! 이제 주요소와 종요소 그림과 주부와 술부 그림을 합쳐보자.

주요소, 종요소, 주부, 술부가 결합되면 문장이 만들어지는데, 그 그림은 다음과 같다. 아래 그림 도식을 보자. 한눈에 이해될 것이다. 이게 구문도해의 힘이다.

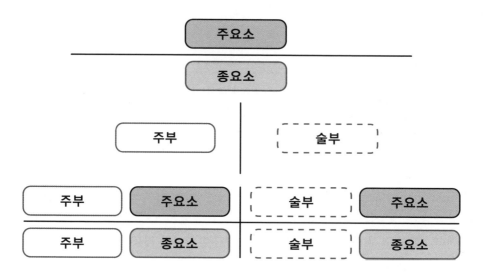

문장의 4요소를 결합하니, '주부주요소', '술부주요소', '주부종요소', '술부종요소'라는 새로운 4요소가 생겨난다. 이것들은 십자 모양 속 네 공간에 각각 배치된다. 주부주요소는 문장에서 **주어**를 말한다. 주부종요소는 **형용사**를 말한다. 주부주요소 밑에 붙은 주부종요소의 품사는 전부 형용사가 된다. 그리고 **술부주요소**의 대표는 **동사**다. 동사 아래 붙은 모든 **술부종요소**의 품사는 전부 **부사**가 된다.

이렇게 말로 하니 복잡하게만 들린다. 설명할 건 이제 다 했다. 이제부터는 직접 그림을 보면서 이해해보자.

문장의 4요소인 주요소, 종요소, 주부, 술부가 골고루 포함 된 가장 기본적인 구문도해의 틀은 아래와 같다.

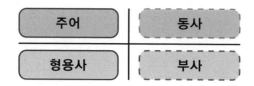

예문을 하나 만들어 보자.

The white dog stopped suddenly.

위 영문을 구문도해 해보면 다음과 같다.

한 눈에 들어 온다. 시간적 언어가 공간적 언어로 바뀌었기 때문이다. 그러면 위 문장을 조금 더 복잡하게 만들어보자.

The white dog running fast along the beach stopped suddenly as soon as she was looking at the boy.

구문도해 해보면 다음과 같다.

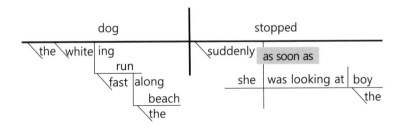

구문도해를 사용하니 시간언어가 공간언어로 바뀌는 것을 볼 수 있다. 이미지가 머리에 와서 확 박혀버리는 것만 같다. 문장의 구조가 보다 명확해지고, 동시에 2그룹 언어재료들이 각각 어디서 어떤 모습으로 일하고 있는지 분명해 진다.

만들어진 2그룹 언어재료가 어떤 품사 밑에 매달려 있는지 그 위치를 확인하면, 문장속에서 2그룹 언어재료의 최종 품사를 결정할 수 있게 된다. 각종 언어재료들은 수직으로 보이는 선들 바로 위에 각각 달라 붙어 그 수직선 바로 위에 적힌 단어를 수식한다.

수직적 바로 위에 적힌 단어가 명사면 형용사가 되고, 동사면 부사가 되며, 형용사면 부사가 된다. 예를 들어, 'running'은 명사(dog) 밑에 달려 있으므로 최종 품사는 형용사가 되고 'along the beach'는 동사(run) 밑에 달려 있으므로 부사가 된다. 그리고 'as soon as she was looking at the boy'는 접속사절인데, 동사(stopped) 밑에 달려 있으므로 부사가 된다. 부사로 일하고 있는 접속사를 부사절이라 하는 것이다.

이 방식으로 영어의 문법이 만들어지고 있으며, 이렇게 설명해야 바른 문법이다. 문법을 위한 문법을 공부하면 영어 실력이 향상 될 수 없다. 문장의 구조가 그대로 다 드러나는 구문도해 방식으로 자연스럽게 각 언어재료들 간의 관계를 살펴보고, 보이는 대로 인지해내면 그것이 바로 실용적인 진짜 문법이 되는 것이다.

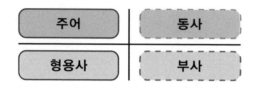

위 구문도해의 틀을 기본으로, 몇 가지 확장된 틀을 살펴보자.

주요소인 '동사'와 '그 동사의 주체들'을 가지고 만든 '문장의 다섯 가지 형식'의 구조에 대한 구문도해의 틀은 다음과 같다.

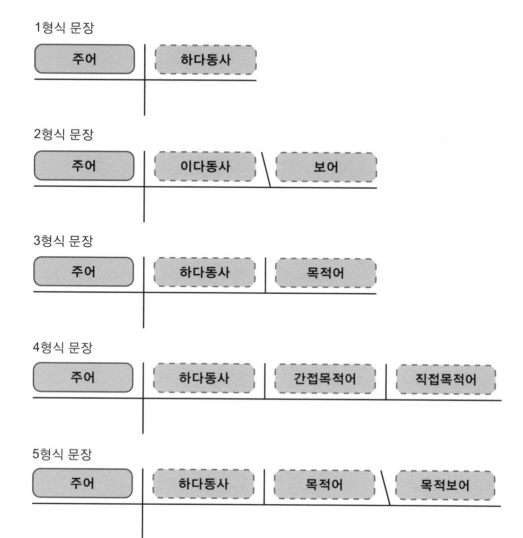

1형식 문장

| 주어 | 하다동사 |

2형식 문장

| 주어 | 이다동사 | 보어 |

3형식 문장

| 주어 | 하다동사 | 목적어 |

4형식 문장

| 주어 | 하다동사 | 간접목적어 | 직접목적어 |

5형식 문장

| 주어 | 하다동사 | 목적어 | 목적보어 |

'문장의 다섯 가지 형식'에 대한 예문을 구문도해 틀을 사용해 살펴보면 다음과 같다.

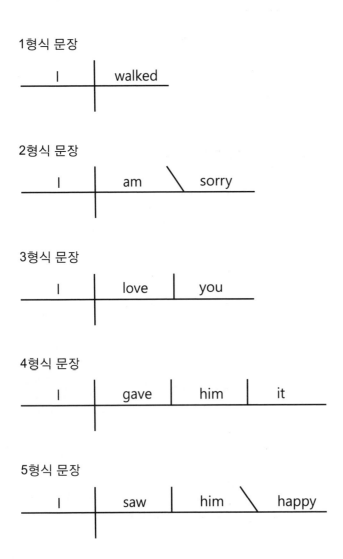

1형식 문장

| I | walked

2형식 문장

| I | am \ sorry

3형식 문장

| I | love | you

4형식 문장

| I | gave | him | it

5형식 문장

| I | saw | him \ happy

쉽다, 구문도해! 할 만 하다.

이제 문제는 종요소에 등장할 각종 언어재료다. 다양한 모양새로 주요소(1그룹)를 향해 달라 붙어야 할 종요소를, 구문도해 속에 배치하는 법을 살펴 보자.

먼저, 한 단어짜리(사전에 있는 말)는 사선을 긋고 오른쪽에 단어를 적으면 된다. 예로는 관사(a, the), 형용사(small, white), 부사(pretty, suddenly) 등이 있다. 이 방법은 이미 본 적이 있다. 이렇게 하면 된다.

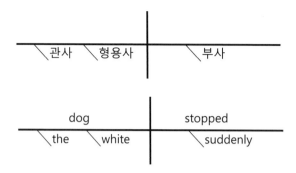

문제는 만들어진 두 단어짜리(사전에 없는 말)다. 예를 들면, 전치사구(along the beach, at the window), To부정사구(to go, to work), 현재분사구(running, working), 과거분사구(hidden, spoken, worked)등이 두 단어짜리다. 두 단어를 사용하여 하나의 품사처럼 만든 언어재료를 가리켜 '구(Phrase)'라고 한다. 단어가 두 개이니, 선을 수직쪽으로 하나, 수평쪽으로 하나를 그어서 영어 알파벳 '엘(L)'모양으로 만든다. 두 개의 단어를 수직쪽과 수평쪽에 각각 하나씩 적어 넣는다. 이때, 다음 예시처럼 수직쪽에는 전치사나 연결어(to, ing, ed)를 적고 수평쪽에는 사전에 나온 단어 원형을 적는다.

전치사		to		ing		ed	
	명사		동사원형		동사원형		동사원형

아래 예문을 구문도해 해보자.

- The white dog running fast along the beach crowded with tourists stopped suddenly in front of the boy to bark at him.
  관광객들로 붐비는 바닷가를 따라 빠르게 달리던 하얀 강아지가 그 소년 앞에서 그를 향해 짖으려고 갑자기 멈췄다.

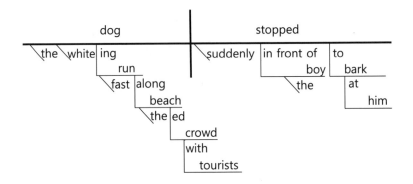

위 구문도해에서 2그룹 언어재료는 아래 예들과 같은 모양을 갖춰 구문도해 속에 배치된 것이다.

along	at	ing	to	ed
beach	him	run	bark	crowd

위 예문에 사용 된 언어재료의 최종 품사는 각각 어떻게 결정되는지, 그 인지원리를 살펴보자.

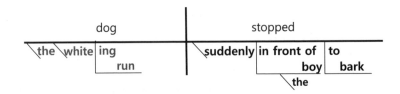

명사(dog) 아래 수평선 밑에 붙어있는 모든 언어재료(**the, white, running**)의 최종품사는 전부 형용사다. 그중, 'the'는 관사형용사, 'white'는 형용사, 'running'은 형용사구다.

한편, 동사(stopped) 아래 수평선 밑에 붙어있는 모든 언어재료(<u>suddenly</u>, <u>in front of the boy</u>, <u>to bark</u>)의 최종 품사는 모두 부사다.

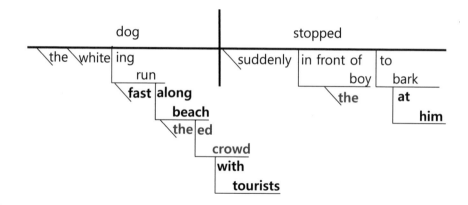

최종품사 결정의 인지원리는 간단하다. 어떤 단어 수평선 밑에 있느냐가 바로 그 언어재료의 최종 품사를 결정한다. 동사(run, crowd, bark) 밑에 있으면 부사(진한 검정색 표시)가 되고, 명사(beach, boy)밑에 있으면 형용사(진한 회색 표시)가 된다. 그리고 이것이 바로 영문법이다.

마지막으로 관계사절이나 접속사절은 그 자체가 완전한 문장이므로 십자 모형을 만들고 주부와 술부의 형태를 갖추도록 한다. 그리고나면 남은 연결어인 관계사나 접속사를 사용해 1그룹인 주절을 향해 가면서 꾸미고자 하는 명사나, 설명하고자 하는 동사 또는 형용사나 부사를 지목하여 풀칠하듯 붙이면 된다. 그리고 주절과 종속절을 구분할 때, 종속절 앞에는 항상 관계사나 접속사라는 '절(clause) 연결어'가 붙어있으니 연결어가 있는지 없는지 먼저 확인해야만 한다. 관계사나 접속사는 생략될 수 있다는 점도 간과해서는 안 된다. 본서에서는 관계사나 접속사에 회색을 칠해 놓았다.

다음 문장을 구문도해 해보자.

- The white dog stopped suddenly as soon as she was looking at the boy.

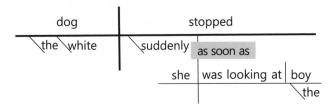

참 쉽다. 이제 구문도해를 위한 기본 원리를 모두 마스터 했다. 구문도해는 쉬운 것이다. 언어를 보다 더 쉽게 인지하려고 도안해 낸 매우 과학적인 언어 학습법이 아닐 수 없다.

다음 영문을 읽고 구문도해 해보자.

> No person shall be held to answer for a capital, or otherwise infamous crime, unless on a presentment or indictment of a Grand Jury, except in cases arising in the land or naval forces, or in the Militia, when in actual service in time of War or public danger; nor shall any person be subject for the same offence to be twice put in jeopardy of life or limb; nor shall be compelled in any criminal case to be a witness against himself, nor be deprived of life, liberty, or property, without due process of law; nor shall private property be taken for public use, without just compensation.

너무 당황할 필요 없다.

본 장에서는 구문도해에 대한 워밍업을 하고 있다. 위 영문은 매우 길지만 그저 한 문장으로 되어 있는 '미국 헌법 수정조항 제5조'[1]의 내용이다. 텍스트가 아무리 길고 복잡해도 구문도해는 문장의 모든 구조를 그대로 보여 줄 수 있다는 것을 보여주기 위한 샘플이다. 아직 자세히 들여다 보려 하지 말라.

멀리서 감상만 해봐도 충분하다.

---

1   The United States Constitution, "Rights of Persons," Amendment 5.

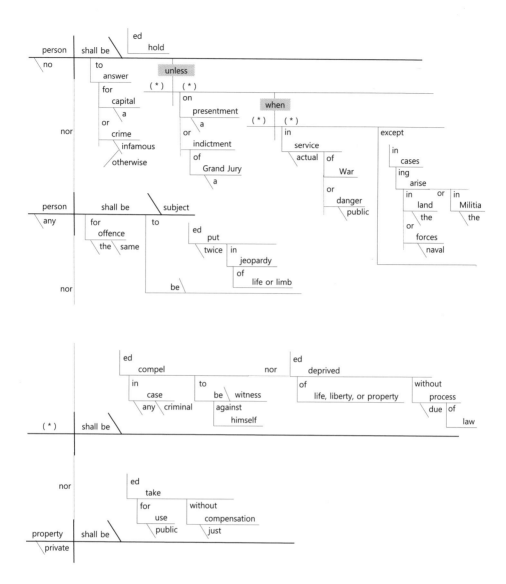

멋지지 않은가! 큰 나무처럼 보인다.

그래서 구문도해를 가리켜 '구문분석트리(Phrase Tree, Parse Tree)'라 부른다. 이는 문장 구문을 파싱(Syntactic Parsing)하는 언어학에서 많이 사용된다. 구문도해는 텍스트가 아무리 길고 복잡해도 문장의 모든 구조와 모든 언어재료를 낱낱이 있는 그대로 다 잡아내고 다 드러내는 굉장한 언어학습의 무기다.

박기엽은 '우리말 분석영어'에서 문학작품의 좋은 글을 모아 구문도해의 실례를 자세히 보여주고 있다. 그중 알퐁스 도데의 '마지막 수업(The Last Lesson)'의 한 장면을 구문도해 한 좋은 예를 소개해보겠다.

> Then passing from one thing to another, Monsieur Hamel began to talk to us about the French language, saying that it was the most beautiful language in the world, the most clear, the most substantial; that we must always retain it among ourselves, and never forget it, because when a people falls into servitude, "so long as it cling to its language, it is as if it held the key to its prison."

　한 문장으로 된 긴 글이다. 박기엽은 다음과 같이 구문도해 하였다. 잘 살펴보고 구문도해 할 마음 본격적으로 가져보길 바란다. 박기엽의 '우리말 분석영어'에 나온 구문도해 그림을 그대로 스캔[2]해보니 다음과 같다.

　제9장의 연습문제는 위 영문에 대한 박기엽의 구문도해 실례를 감상해보는 것으로 대체한다.

　구문도해 Warming-Up! 완료!

2　박기엽, 『우리말 분석영어 (영문분석편I)』 (서울: 지식산업사, 1997), pp. 45-46.

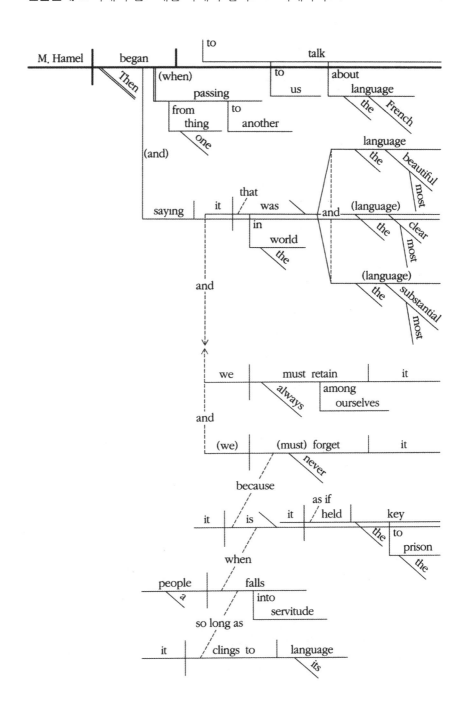

제10장

4종 명사 구문도해 연습

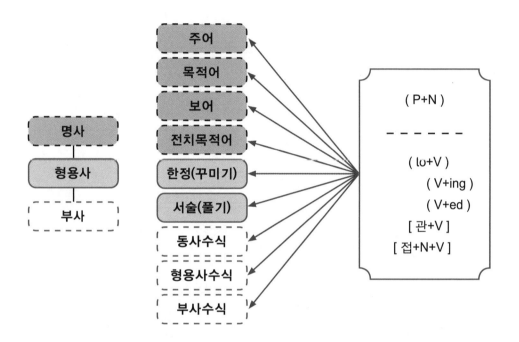

9개의 영어 구조 속에 6개의 2그룹 언어재료를 각각 집어 넣으면 인지원리가 발생 된다. 이때 발생되는 인지원리를 영문법이라 한다. 9에 6을 곱하니 모두 54개가 나온다. 언어재료들 간의 만남이 54번 시도 되고 있다는 말이다. 그런데 54개가 전부 다 인지원리로 탄생되는 것은 아니다. 그중에는 말이 안 되는 것이 있다. '전치사구(P+N)'는 명사 파트의 주어 자리에 올 수 없고 '현재분사구(V+ing)'는 능동 의미의 형용사 기능이 내재되었기에 부사를 수식하는 부사로는 쓰이지 않는다. 2개 줄었다. 또한 '과거분사구(V+ed)'는 수동의 의미를 내재 한 채 다른 대상을 설명 하는 역할만 하기에 4개의 모든 명사 자리에도 올 수 없고, 형용사수식 부사 자리와 부사 수식 부사 자리에도 올 수 없다. 다시

6개가 줄어 들었다. 그리고 '관계사절[관+V]'은 그 자체가 명사로 쓰이거나 또는 명사를 꾸며 수식하는 형용사 역할만 가능하기 때문에 3개의 부사적 용법으로 사용될 수 없다. 또 3개가 줄었다. 마지막으로 동사절인 '관계사절[관+V]'과 '접속사절[접+N+V]'은 형용사 파트의 서술적용법(주격보어)으로 사용될 수 없다. 또 다시 2개가 줄어들었다.

따라서, 문법이 발생할 수 있는 모든 '경우의 수'는 모두 41개다. 41개의 인지원리만 터득하면 영어는 끝나는 것이다. 누군가는 "41개밖에 없어!"라고 생각하고, 누군가는 "41개씩이나!"라고 반응할지 모른다.

어차피 41개의 인지원리를 전부 다 다루어 볼 것이긴 한데, 누군가에게 다가올 부담감을 줄이기 위해 2그룹 언어재료를 6개로 보지 말고, 크게 두 그룹으로만 나누어 보라고 권유하는 바이다. '명사연결어 그룹'과 '동사연결어 그룹' 두 개로만 나누어서 바라보면 훨씬 간결해지고 이해도 빨라지기 때문이다.

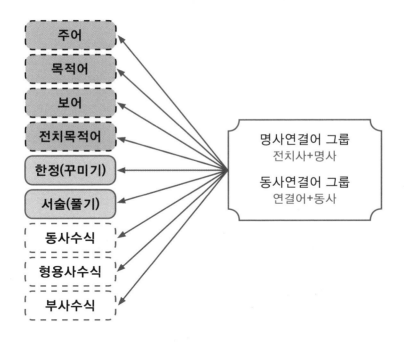

먼저, 본 장에서는 '9개 영어 구조' 중 명사 파트 4개 용법에 대한 인지원리를 구문도해 방식으로 배워 보겠다.

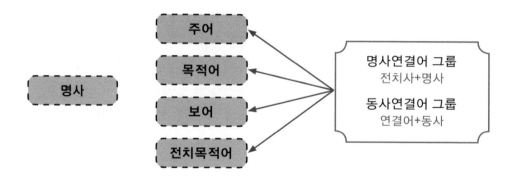

➡ 주어 위치의 구조

① 전치사구(P+N): 없음

주어 위치에 '명사연결어 그룹'인 '전치사구(P+N)'는 올 수 없다. 왜냐하면 전치사구는 스스로 언어의 동사 행위를 발생시키는 주체가 될 수 없기 때문이다. 전치사구는 항상 전치사에 의존하여 다른 언어재료 밑에 붙어 들어가려고만 하기 때문이다.

그러면 '동사연결어 그룹'의 5가지 언어재료를 주어 위치에 하나씩 가져가 보자.

② To부정사구(to+V)

· It is good for health to get up early in the morning.

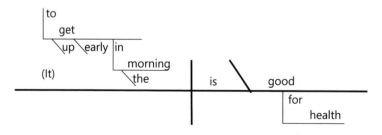

'It'은 가주어고, 진짜주어(진주어)는 'to get up early in the morning'이다. 아침에 일어나는 행위가 사건의 미래적 의미라기 보다 일반적인 '미발생' 상태로 볼 수 있다.

③ 현재분사구(V+ing)

· Keeping quiet is impossible for her.

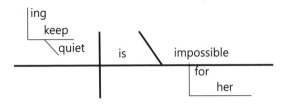

평소에도 시끄럽게 말을 많이 한다는 현재 습관을 표현하기에 '발생중'의 의미를 갖는 현재분사구를 사용했다. 한 문장만 더 보자.

· It is no use crying over spilt milk.

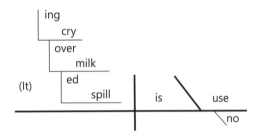

④ 과거분사구(V+ed): 없음

시나 소설에서 상징적 표현을 위해 임의로 만들어 쓸 수는 있겠지만, 과거분사구는 수동의 의미를 내포하고 있다. 따라서 스스로 동사 행위를 발생시키는 주체가 될 수 없기 때문에 주어의 위치에 올 수 없다.

⑤ 관계사절[관+V]

· It is not clear what she means.

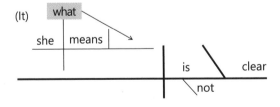

여기서 잠시 '절(clause)의 개수'와 '접속사의 개수'의 관계를 살펴보자. 모든 관계사(관

계대명사, 관계형용사, 관계부사)는 접속사의 일종이며 관계사절은 접속사절에 포함된다. 접속사절이란 접속사(또는 관계사)가 절(주어+동사)을 이끌고 다니는 언어재료를 말한다. 구문도해에서 접속사절은 '회색칠 된 접속사'가 수평선과 수직선이 만나 주어와 동사가 표현된 십자 모형의 틀을 매달고 다니다가 반드시 문장구조 어딘가에 달라 붙어 종속된다. 그래서 접속사절을 종속절이라 하는 것이다. 종속절이 여러 개일 경우 각각 어딘가에 종속 되면 결국 주절만 큰 뼈대로 남는다. 따라서 한 문장 안에 종속절(관계사절+접속사절)이 여러 개일 때, 절의 총 개수는 접속사(또는 관계사)의 총 개수보다 항상 한 개 많아야 한다.

> **절의 개수 = 접속사의 개수 + 1**

예를 들어 다음과 같은 구조의 문장이 있다고 치자.

> **N+V + [접+N+V] + [접+N+V] + [접+N+V]**

절(주어+동사)의 개수는 4개 이고, 접속사의 개수는 3개다. 항상 접속사의 개수에서 1을 더하면 절의 개수가 되는 것이다. 다른 말로 접속사의 개수는 절의 개수에서 1을 빼면 된다.

'선행사를 포함한 관계사절'이 주절의 주어 자리에 올 때가 있다. 이때는 주어 자리에 등장한 '관계사절 자체'를 '주어'로 보아야 한다. 앞서 살펴본 문장이 그런 예라 할 수 있다.

예문 하나 더 보겠다.

- Why God gave his only Son is that whoever believes in him shall not perish but have eternal life.

구문도해 한 후 절의 개수와 접속사의 개수의 관계를 살펴보자.

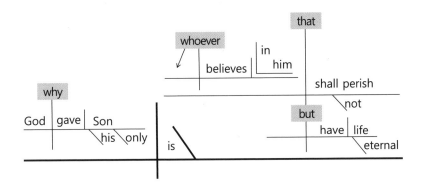

절의 개수(십자모형의 틀)는 모두 5개(주절과 종속절 모두 포함)이고, 접속사(관계사 포함)의 개수는 모두 4개다.

선행사를 포함한 관계사절은 그 자체가 명사의 위치에서 명사의 역할을 하면서 명사 절을 이끈다. 'the reason'이라는 선행사가 생략되고 관계사절 'Why God gave his only Son'는 주어 자리로 들어와서 그 자체로 주어 역할을 하며 명사절을 이끌고 있다.

구문도해의 힘이 보이는가? 아무리 복잡한 문장일지라도 그 문장이 문법적으로 틀리지 않다면, 구문도해로 모든 언어재료를 문장의 구조 속에서 낱낱이 인지할 수 있게 된다.

⑥ 접속사절[접+N+V]

· It is true that the book is very valuable.

가주어 진주어를 구별해서 구문도해 해보자.

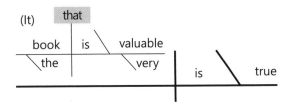

'that'은 접속사 중에 대표격이다. 동사구를 사용하려 할 때, 어떤 연결어를 써야 할지 애매하거나 잘 모를 때 'to'를 쓴 것처럼, 접속사절을 사용하려 할 때, 어떤 접속사를 골라야 할지 애매하거나 빨리 고를 수 없을 때, 무조건 'that'을 쓰면 된다.

잘 모르면 'to'와 'that'!

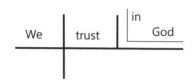

➡ 목적어 위치의 구조

① 전치사구(P+N):
- In God we trust.

```
We  |  trust  | in
    |         |    God
————+————————+————————
```

1센트 동전에서부터 100달러 지폐에 이르기까지 모든 미국화폐에 새겨진 문구다. 확인해보자.

이제 돈으로 보이지 않고, 그 안에 든 영문을 구문도해 하고 싶어진다.

동사는 'trust'이고 'in God'은 목적어다.

간혹 'trust in'은 동사, 'God'는 목적어로 보려는 경향이 있다. 잘못된 것이다. 통상적으로 전치사를 동반한 각종 동사를 한 덩어리로 묶어 숙어처럼 외워 사용하기도 하지만 문법적으로는 동사는 동사고 전치사는 전치사일 뿐이다. 전치사 바로 뒤에는 반드시 명사가 나와야만 한다. 그것이 전치사의 숙명이다.

예를 들면, 'make use of', 'take advantage of', 'account for', 'make up for', 'look forward to', 'get along with', 'put up with' 같은 숙어를 외워서 덩어리로 묶어 사용하면 매우 효과적이다.

그러나 문법적으로는 동사는 동사(make, take, account, look, get, put)고, 명사는 명사(use, advantage)고, 부사는 부사(up, forward)고, 전치사는 전치사(of, for, to, along, with)일 뿐이다.

따라서 바로 위 예로 든 숙어는 모두 전치사로 끝나고 있는데, 바로 뒤에 무조건 무엇이 와야 하는지는 이미 잘 알 것이다. 무조건 명사가 와야만 한다. 그러므로 구문도해 할 때, 전치사는 반드시 명사와 결합하여 함께 다니면서 '전치사구(P+N)'를 이루어야 한다. 누가 뭐래도 전치사는 전치사의 목적어인 명사편이다.

한 문장만 더 보자.

- Look at the bigger picture.

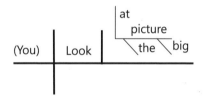

② To부정사구(to+V)

- The bright boy wanted to become a great poet in the future.

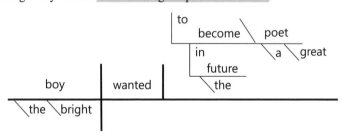

③ 현재분사구(V+ing)

- 'Dressed to kill' means wearing clothes very extravagantly to draw attraction to others.

먼저 번역을 해보고 구문도해 해보자.

- 'Dressed to kill'이란 다른 사람들의 이목을 끌기 위해 매우 사치스럽게 옷 입는 것을 의미한다.

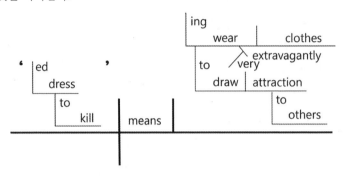

과거분사구인 'Dressed to kill'은 문법적으로 주어 자리에 올 수 없지만, 괄호 '___'안에 들어가 고유명사화 된 것으로 보고 명사처럼 취급한다. 현재분사구인 'wearing clothes'는 '옷 입는 것'으로 번역하면서 목적어 취급한다.

④ 과거분사(V+ed): 없음

과거분사구는 수동의 의미를 내포하고 있으므로 스스로 동사 행위를 발생시키는 주체가 될 수 없고 또 동사 행위를 직접 담지 해 낼 객체도 될 수 없기 때문에 문장의 주요소에서 주어나 목적어의 위치에 올 수 없다.

⑤ 관계사절[관+V]

· Show me what you bought.

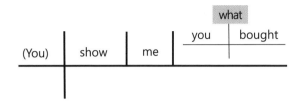

명령문이라 주어 'you'가 생략된 것이다. "뭐 샀는지 좀 봐봐!"라는 뜻이다.

⑥ 접속사절[접+N+V]

· We wonder if you have any suggestions.

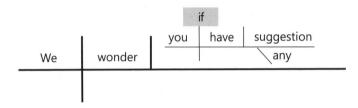

➡️ **보어 위치의 구조**

주어의 정체와 동격을 나타내는 명사보어를 말한다.

① 전치사구(P+N)

· This book is about the beach.

이 책은 바닷가에 관한 책이다.

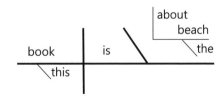

이 책과 바닷가에 관한 책이 동격이다. 이 책의 정체가 바로 바닷가에 관한 책이다라는 뜻이다. 그러므로 'about the beach'는 명사보어다. 앞서 배운 바대로 인지원리에 따라 분석해보면 다음과 같다.

This book is (about the beach).

보어 '(about the beach)'는 만들어진 2그룹(전치사구) 출신이기에 '초록색 괄호'를 친 것이며, 거기에 밑줄을 그은 이유는 '이다동사의 nVn 꼴'의 동사 오른쪽 명사(취급)로서의 보어자리에 있기 때문이다. '이다동사' 오른쪽에 명사보어가 오면 주어의 정체·동격·신분·자격·본질을 말하고, 형용사보어가 오면 주어의 상태·기분·감정·평가·판단을 말한다. 무엇보다도 구문도해 시 '이다동사'가 나타나면, 항상 오른쪽에 곧 바로 사선을 긋고, 주어의 정체를 밝힐지 주어의 상태를 설명할지 결정해야 한다. 이렇게 습관이 들어야 영어를 잘 할 수 있게 된다.

② To부정사구(to+V)

· My plan is to go to the museum with her on this weekend.

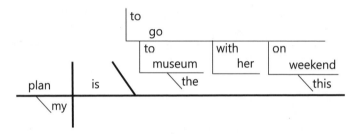

③ 현재분사구(V+ing)

· Being in a ship is being in a jail with the chance of being drowned.

먼저 번역 해보면 다음과 같다.

배 안에 있는 것은 물에 빠져 죽기만을 바라며 감옥 안에 있는 것과 다름없다.

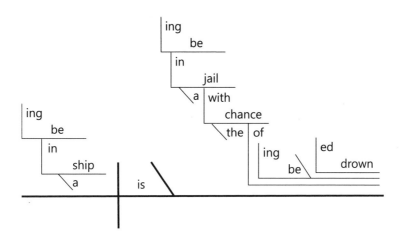

현재분사구(V+ing)는 동작의 발생중인 상태를 표현하기 때문에 주로 '형용사보어'의 역할을 한다. 한편, 현재분사구가 주어의 정체와 동격을 나타내는 '명사보어'로 사용될 때는 현재분사라기 보다 동명사에 가깝다고 할 수 있다.

④ 과거분사구(V+ed): 없음

과거분사구는 주어의 정체와 동격을 표현하면서 명사역할을 주도하는 주격보어로 사용되지 않는다.

⑤ 관계사절[관+V]

· The question is what they think you.

문제는 그들이 당신을 뭐라고 생각하는지이다.

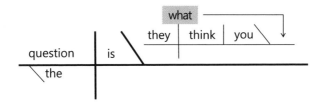

⑥ 접속사절[관+V]

• My opinion is that the book is very valuable.

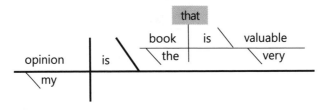

➡ 전치사의 목적어 위치의 구조

전치사 뒤에는 반드시 명사(전치사의 목적어)를 붙여야 한다. 전치사는 명사를 뒤에 매달고 다른 언어재료를 부지런히 찾아 다닌다. 그것이 전치사의 숙명이다. 전치사 뒤에 명사가 없으면 무조건 틀린 문장이다. 아니면, 전치사가 생략되었던지 명사가 생략되었던지, 전치사가 부사로 쓰이고 있던지, 그것도 아니면 이중전치사로 쓰이고 있는 것이다.

이제 두 단어 이상으로 만들어진 2그룹 재료 6개가 어떻게 전치사의 목적어 자리로 명사가 되어 찾아 들어가는지 구문도해로 살펴보자. 다음과 같은 모양으로 나오게 될 것이다. 'P+(P+N)', 'P+(to+V)', 'P+(V+ing)', 'P+(V+ed)', 'P+[관+V]' 'P+[접+N+V]'!

① 전치사구(P+N)

전치사구가 통째로 전치사의 목적어 자리로 들어가는 것을 말한다. 따라서 전치사가 두 개가 생긴다. 이를 가리켜 '이중전치사'라 한다.

• The dog came out from under the table.

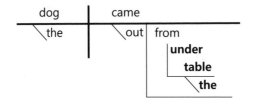

'out'은 부사고, 'from under'는 이중전치사다.

② To부정사구(to+V)

- She did nothing but to cry all day.

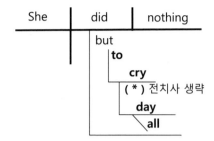

③ 현재분사구(V+ing)

- I am not surprised at falling in love with her.

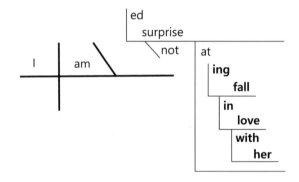

④ 과거분사구(V+ed): 없음

⑤ 관계사절[관+V]

- We cannot rely on what he says.

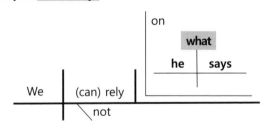

⑥ 접속사절[접+N+V]

- Men differ from brutes in that they can think and speak.

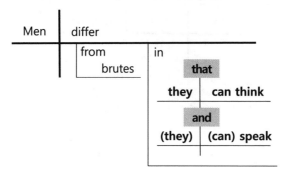

* **연습문제 10**: 아래 영문을 구문도해 하고 2그룹 언어재료의 명사적 용법을 설명하시오.

01. The story is about the king.

02. Except for the old lady, the bus was empty.

03. It is ridiculous for these flowers to be yellow.

04. For Harry, it is difficult to solve the problem.

05. It is hateful leaving a warm bed at such an early morning.

06. Commerce is buying and selling, or exchanging goods.

07. She was proud of being a woman as well as of the prospect of becoming a mother.

08. They want to know how planes can fly.

09. I know that it is very easy to study English.

10. It is our responsibility as citizens of the world to keep all streams and rivers clean.

11. It is difficult to cross the Atlantic Ocean on that boat.

12. He decided to buy his grandfather a very valuable present.

13. Whether he agrees or not does not matter.

14. My trouble is that my father is ill in bed.

15. He said nothing as to when he would come.

제11장

2종 형용사 구문도해 연습

'9개 영어 구조' 중 명사 파트 4개 구조에 대한 인지원리 체계를 구문도해 방식을 사용하여 배워 보았다. 이어서 형용사 파트 2개 구조에 대한 인지원리를 구문도해로 배워 보자.

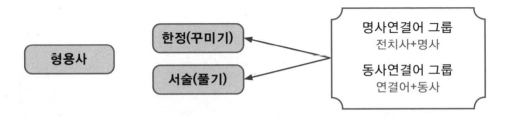

형용사의 용법은 두 가지뿐이다. 한정적 용법과 서술적 용법이다.

한정적 용법은 명사를 지목하여 향해가면서 그 명사를 꾸며 수식하는 인지원리 방법이고, 서술적 용법은 '이다동사의 nVa 꼴(2형식)' 문장구조 속에서 '형용사보어'자리를 차지하며 주어의 상태, 기분, 감정, 판단, 평가를 풀어 설명하는 인지원리 방법이다.

'명사연결어 그룹'과 '동사연결어 그룹'에서 만들어진 6개의 언어재료를 형용사의 두 가지 용법에 적용해 보자.

➡ 꾸며 수식하는 한정적 용법의 구조

① 전치사구(P+N)

꾸며 수식하는 한정적 용법에서 '전치사구(P+N)'는 명사를 지목하여 향해 가면서 형용사구를 이끈다.

- I go to the small restaurant on the beach every day to have dinner.

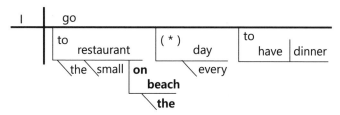

② To부정사구(to+V)

- She is a girl to believe the young man a fool.

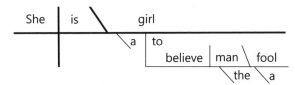

③ 현재분사구(V+ing)

- That new bridge connecting the two provinces was built two years ago.

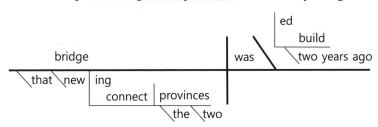

- The water I give him will become in him a spring of water welling up to eternal life.

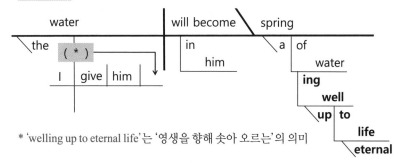

* 'welling up to eternal life'는 '영생을 향해 솟아 오르는'의 의미

④ 과거분사구(V+ed)

- The picture painted by your sister is like Picasso's work.

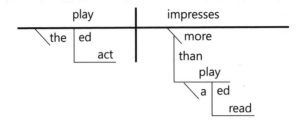

- The play acted impresses more than a play read.

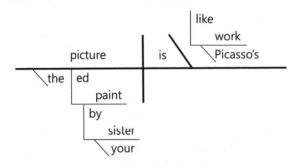

⑤ 관계사절[관+V]

모든 관계사절은 선행사(명사)를 지목하여 꾸며 수식하는 형용사의 역할을 감당하는 형용사절이다. 때때로 관계사절은 주어, 목적어, 명사보어의 위치에 들어가서 명사절이 되기도 하지만 엄밀히 말하자면 생략된 선행사(명사)를 꾸며 수식하는 형용사절이라 할 수 있다.

- There once lived in Greece the man who was called 'Socrates'.

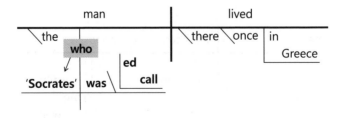

- There are mountains whose tops are covered with snow in summer.

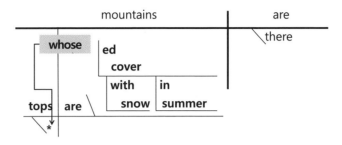

⑥ 접속사절[접+N+V]

- This is the reason why I speak to them in parables: though hearing, they do not hear.

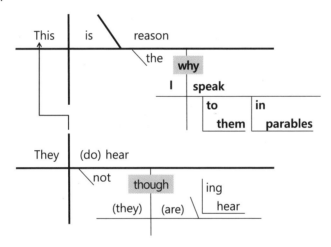

➡ 풀어 설명하는 서술적 용법의 구조

① 전치사구(P+N)

- The kingdom of heaven is like treasure hidden in a field.

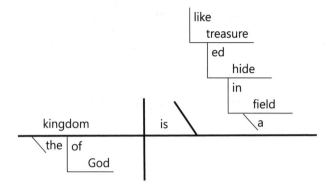

　천국은 '밭에 숨겨진 보물과 같은 상태(가치)'라는 형용사보어로 이해하면 된다. 시나 소설 등의 문학 작품 속에서 보다 상징적이며 다채로운 표현을 구사하기 위해 전치사 구를 형용사보어로 사용하기도 한다. 명사와 명사가 바로 만나는 것이 아니라 전치사만 큼의 시간과 거리를 두고 만나기 때문에 더 많은 의미를 부여할 수 있게 된다.

　다음 두 문장을 비교해 보자.

　　　　Kingdom is treasure.
　　　　Kingdom is like treasure.

　전자는 주어와 보어가 바로 만나는 반면, 후자는 주어와 보어가 전치사(like)만큼의 시 간과 거리를 두고 만난다. 그러는 동안 상징적 의미를 가져올 수 있고 또는 다채로운 의 미를 부여할 수도 있게 된다.

　이순철님의 시, 'The Movies'의 한 구절이다. 구문도해 해보자.

• Life is with reality like water trickling down a lady's raincoat, like her tears.

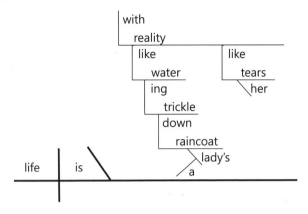

② To부정사구(to+V)

• His brother is to build a grand mansion in the silent forest.

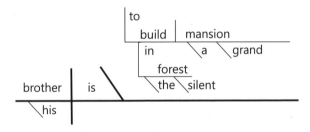

소위 'Be+to용법'이라 하는데 주어의 소망, 계획, 예정, 의무, 가능, 운명, 당연을 표현하며 상태보어로 사용되는 형용사구를 말한다.

③ 현재분사구(V+ing)

• The ball went flying over the roof.

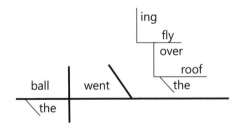

'went'는 계사동사로 'Be동사' 취급한다. 주어의 상태를 나타내는 형용사보어로 현재분사구가 사용된다. 현재분사구는 다음 문장처럼 주어의 상태를 나타내는 주격보어(형용사)뿐만 아니라 목적어의 상태를 표현하는 목적보어(형용사)로도 사용된다.

・ I sent the ball flying over the fence.

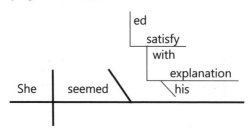

④ 과거분사구(V+ed)
・ She seemed satisfied with his explanation.

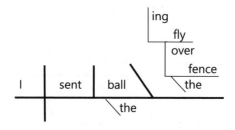

・ I saw him tired.

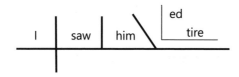

⑤ 관계사절[관+V]: 없음

⑥ 접속사절[접+N+V]: 없음

관계사절과 접속사절은 보다시피 관계사와 접속사를 앞세워 문장(주어+동사)을 묶으려 하는 속성을 갖고 있어서, 주어나 목적어의 상태를 풀어 설명해야 하는 주격보어와 목적보어로는 사용되지 않는다. 한정하려고 연결어로 묶었는데, 풀어 쓰려니 그것이 불가능하기 때문이다.

정리 하나 하고 가자. 서술적 용법으로 사용되는 형용사는 명사의 상태, 기분, 감정, 판단, 평가를 자세히 풀어 설명하는 보어를 말할 뿐이다.

아래 세 문장에 나오는 2그룹 출신 '동사구 삼형제'는 모두 주격보어로 사용되면서 '이다동사' 오른쪽에 자리잡고 주어의 상태를 풀어 설명할 뿐이다. 그 이상도 그 이하도 아니다.

Jonah is to eat the big fish.
Jonah is eating the big fish.
Jonah is eaten by the big fish.

구문도해 해 보자.

- Jonah is (*to eat the big fish*). * To부정사구(미발생)

큰 물고기를 먹을 예정인 상태 / **Be+to용법**(Be+to+V)

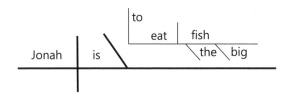

- Jonah is (*eating the big fish*). * 현재분사구(발생중)

큰 물고기를 먹고 있는 상태 / **현재진행시제**(Be+ing)

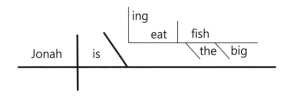

- Jonah is (*eaten*) (by the big fish). * 과거분사구(발생후)

  큰 물고기한테 잡아 먹힌 상태 / **수동태**(Be+p.p)

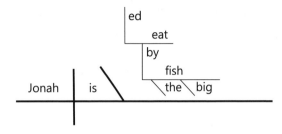

구문도해를 통해 위 세 문장을 비교해 보니, '이다동사' 오른 편에 나오는 주어의 상태를 나타내는 주격보어를 세 개의 동사구로 다양하게 표현해 볼 수 있다. 'To부정사구(to+V)'는 '미발생'을 표현하고, '현재분사구(V+ing)'는 '발생중'을 표현하며, '과거분사구(V+ed)'는 '발생후'를 표현한다. 이 뿐이다. 여기서 발생되는 문법은 이것이면 충분하다. 구태여 'Be+to용법'이니, '현재진행시제(Be+ing)'니, '수동태(Be+pp)'니 해서 복잡하게 문법을 확장시킬 필요가 없다. 다시 말해, 미발생, 발생중, 발생후를 표현하는 단순한 2그룹 동사구의 인지 개념을 일부러 애써 복잡하게 '법(Mode)', '시제(Tense)', '태(Voice)'로 끌고 가 문제를 크게 만들 필요가 없다는 말이다. 단순한 것을 복잡하게 만들어 가니, 영어가 어렵게 느껴지는 것이다. 외울 것이 많아 보이게 만들지 말고 단순한 원리를 이해하자. 그렇게 하다보면 영어는 틀리는 게 기적이 된다.

마지막으로 동사의 시제를 정리해 보고 본 장을 마무리 하겠다.

동사의 시제는 12가지다. 이를 가리켜 동사의 12시제라 한다.

동사의 12시제는 현재, 과거, 미래라는 3가지 **시간**을 발생, 진행, 완료, 완료진행이라는 4단계 **동작** 속에서 관찰한 결과다.

〈동사의 12시제〉

동 작	시 간	시제의 예 (주어: I)	해 석
발 생	현재발생	play	논다
	과거발생	played	놀았다
	미래발생	will play	놀 것이다
진 행	현재진행	am playing	놀고 있다
	과거진행	was playing	놀고 있었다
	미래진행	will be playing	놀고 있겠다
완 료	현재완료	have played	놀았다(지금은?)
	과거완료	had played	놀았었다
	미래완료	will have played	놀았었겠다
완료진행	현재완료진행	have been playing	놀고 있었다
	과거완료진행	had been playing	놀고 있었었다
	미래완료진행	will have been playing	놀고 있었겠다

참고로 위 12시제를 각각 수동태(동사가 과거분사로 바뀜)로 표현하게 되면 다시 12개가 만들어지는데, 이를 모두 합하면 '동사의 24시제'가 된다. 단, 그중에서 진행과 완료진행의 동작은 수동태로 사용되지 않는다.

* **연습문제 11**: 아래 영문을 구문도해 하고 2그룹 언어재료의 형용사적 용법을 설명
하시오 .

01. He sent the book to his son to become a doctor.

02. A fable is a simple story to teach us a very important truth.

03. The first men to make their homes along the Nile River in ancient Egypt were farmers.

04. A child sleeping in a cradle looks very peaceful.

05. I found the window broken.

06. He soon became acquainted with all.

07. The old man lay dying.

08. The girl who is reading the book in the library is my sister.

09. He is the boy whom I met there.

10. The girl whom he wants to meet is my sister.

11. She is the lady of my dreams with whom I may spend of life.

12. This is the book that is very valuable to teachers.

13. The flower my mother likes is rose.

14. The letter he was looking forward to came at last.

15. Peary was the first man that reached the North Pole.

16. All that glitters are not gold.

17. This is the book whose contents we can read.

18. I remember the day I went to school for the first time.

19. The way they look at the world is different.

20. I was having dinner with a group of level 5 leaders gathered for a discussion about organizational performance.

제12장

3종 부사 구문도해 연습

'9개 영어 구조' 중 명사 파트 4개 구조와 형용사 파트 2개 구조에 대한 인지원리 체계를 구문도해로 배워 보았다. 이어서 부사 파트 3개 구조에 대한 인지원리를 구문도해 방식을 사용하여 배워 보자.

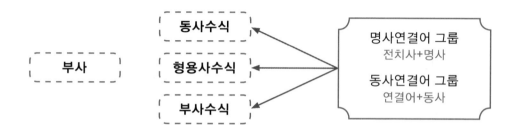

영어의 구조 안에서, 그리고 인지 과정 속에서 부사의 역할은 세 가지뿐이다. 동사를 수식하거나, 형용사를 수식하거나, 아니면 또 다른 부사를 수식하는 역할을 한다.

- **동사를 수식하는 부사**는 장소, 방법, 시간, 이유 등을 말해가며 동사를 변증한다.
- **형용사를 수식하는 부사**는 결과로 표현된 형용사를 보다 객관화시켜 가며 상태에 대한 설명, 감정에 대한 이유, 판단에 대한 근거를 제시해 주는 역할을 감당한다.
- **부사를 수식하는 부사**는 짧은 부사, 주관적 부사, 설명이 더 필요한 부사에게 다가가 보다 자세한 근거를 제시해가며 그것들을 객관화 시킨다.

구문도해 방법을 통하여, '명사연결어 그룹'과 '동사연결어 그룹'에서 만들어진 6개의 언어재료를 부사가 사용되는 세 가지 구조에 적용해 보자.

➡ **동사를 수식하는 부사의 구조**

① 전치사구(P+N)

'전치사구(P+N)'는 동사를 향해 가면서 장소, 방법, 시간, 이유를 밝히며 부사구가 되어 동사를 변증한다.

- He has run a very small restaurant on the beach for ten years.

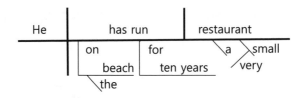

② To부정사구(to+V)

'To부정사'의 부사적 용법을 말한다. 동사를 향해 가면서 이유, 원인, 결과를 밝히며 부사구가 되어 동사를 변증한다.

- He kept the name of the town a secret to make the trip more interesting for his young children. (이유)

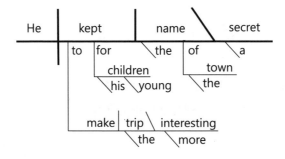

- He chose us in him before the creation of the world to be holy and blameless in love. (엡 1:4) (이유)

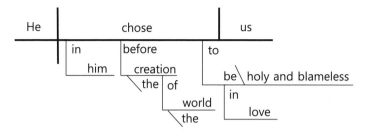

- He awoke to find himself famous. (결과)

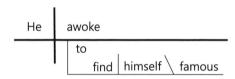

③ 현재분사구(V+ing)

현재분사구는 주절의 동사를 향해 갈 때, 현재 발생중인 동사의 동작을 표현하면서 부대상황이나 동시동작, 조건이나 양보를 표현해 낸다.

- The boy, opening the door, looked at me.

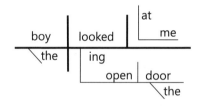

- Talking of cinema, there are not so many Russian films in Korea.

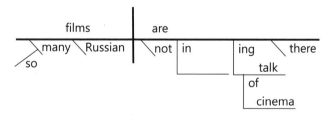

④ 과거분사구(V+ed)

· Dressed a little more elegantly, she would in no way have jarred with the tone of average middle-class society.

좀 더 고상하게 옷을 입었더라면 그 여자는 평균 중류 사회의 기풍에 결코 거슬리지는 않았을 것이다.

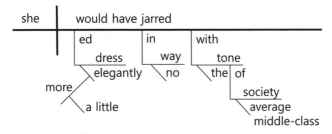

⑤ 관계사절[관+V]: 없음

⑥ 접속사절[접+N+V]

· Though we were starving, we would not ask a favor of him.

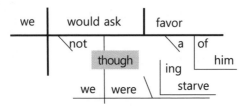

· He was late for school because he missed the bus.

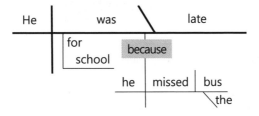

➡ 형용사를 수식하는 부사의 구조

'이다동사의 nVa 꼴(2형식)'에서 동사 오른쪽에 나오는 형용사는 주어의 상태, 가치,

기분, 감정, 판단, 평가를 말해주는 주격보어다. 여기 나오는 형용사는 이미 주어의 결과를 표현해 버린다. 예를 들면, '좋다', '크다', '밝다', '기쁘다', '높다', '비싸다'등이다. 더 좋은 문장이 되게 만들거나 동사와 대화를 더 나누는 모습을 보여주려면, 이미 표현해 버린 결과에 대한 구체적 설명이 더 필요하다. 상태와 가치에 대한 설명, 기분과 감정에 대한 이유, 판단과 평가에 대한 근거를 제시하면 더 좋은 문장이 될 수 있고, 대화를 더 계속해 나갈 수 있게 된다. 바로 그 역할을 '형용사를 수식하는 부사'가 감당하고 있는 것이다. 그래서 형용사를 수식하는 부사는 자세할 수록 좋다. 형용사를 수식하는 부사는 보다 자세히 설명하려는 사명을 갖고 있다 보니 길어진다. 그래서 한 단어짜리 부사가 아니라, 2그룹 언어재료 같은 만들어진 긴 부사를 사용할 수 밖에 없는 것이다.

① 전치사구(P+N)

The city is famous for its traditional market. (판단에 대한 근거)

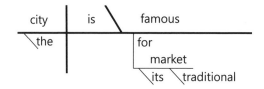

② To부정사구(to+V)

· I am very glad to see you alive. (감정에 대한 이유)

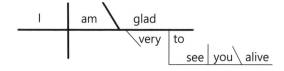

③ 현재분사구(V+ing)

· The boy is very tall considering his age. (상태에 대한 설명)

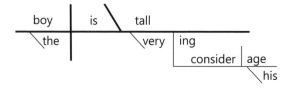

④ 과거분사구(V+ed): 없음

과거분사구 자체에 이미 수동 의미의 형용사 기능이 내재되어 있기 때문에 형용사를 수식하는 부사로 쓰이지 않는다.

⑤ 관계사절[관+V]: 없음

관계사절은 명사(선행사)를 수식하는 형용사가 되기 위해 특별히 만들어진 언어재료이기에 부사적 기능을 하지 않는다.

⑥ 접속사절[접+N+V]

· I am sorry that I cannot help you.

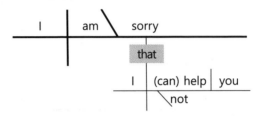

➡ 부사를 수식하는 부사의 구조

한 부사가 다른 부사를 수식하는 것을 말한다. 앞선 부사가 주관적이거나 근거가 부족하여 동사를 자세히 설명하지 못할 때, 보다 객관적인 부사를 사용하여 동사 설명을 돕는다. 객관적 설명을 위해 수치나 지명, 또는 구체적 사건 등을 제시하면 보다 효과적이다.

① 전치사구(P+N)

· He can run as fast as a bulletin.

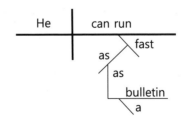

빠르게 달린다 (빠르게: 동사수식 일반 부사)

그만큼 빠르게 달린다 (그만큼: 일반 부사 수식 주관적 부사)

총알만큼 그만큼 (총알만큼: 주관적 부사 수식 객관적 부사)

말을 할 때 누구나 부지불식간에 부사를 정말 많이 사용한다. 한국어로 예를 들어 보자.

가만히 보면, 그 청년은 2016년 리우 올림픽에서 금메달을 획득했을 때처럼 자신도 모르게 여전히 총알만큼 그만큼 빠르게 달릴 수 있다.

주어와 동사인 "그 청년은 달릴 수 있다"를 제외하고, 모두 부사다. 예문 하나 더 보자.

- It is easier for a camel to go through the eye of a needle than for a rich man to enter the kingdom of God.

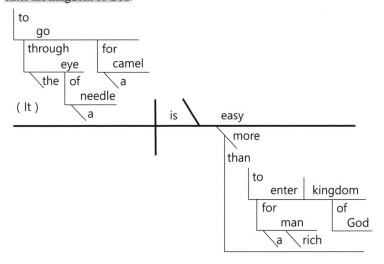

② To부정사구(to+V)

- This apple is ripe enough to eat.

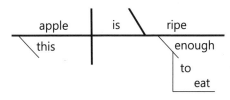

③ 현재분사구(V+ing): 없음

　현재분사구 자체에 이미 능동 의미의 형용사 기능이 내재되어 있기 때문에 형용사나 부사를 수식하는 또 다른 부사로는 쓰이지 않는다.

④ 과거분사구(V+ed): 없음

　과거분사구 자체에 이미 수동 의미의 형용사 기능이 내재되어 있기 때문에 형용사나 부사를 수식하는 또 다른 부사로 쓰이지 않는다.

⑤ 관계사절[관+V]: 없음

　관계사절은 명사(선행사)를 수식하는 형용사가 되기 위해 특별히 만들어진 언어재료이기에 부사적 기능을 하지 않는다.

⑥ 접속사절[접+N+V]

　・ He was so angry that he could not speak.

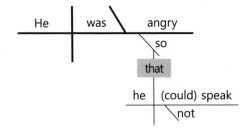

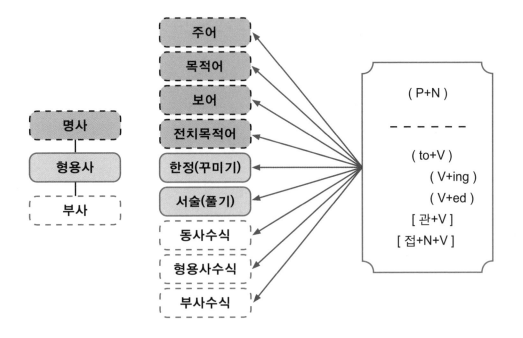

지금까지 구문도해를 사용하여, 위 그림에서 보이는 바처럼 6개의 2그룹 언어재료를 9개의 영어 구조 속에 대입해 보았다. 총 54번에 걸쳐 시도를 해 보았다. 그중 13개는 영어에서 쓰이지 않는다는 것을 확인했다. 그러나 이 13개 구조 또한, 시와 같은 문학 작품 속에서 억지로 써보겠다면 그다지 불가능한 것은 아니다. 써도 된다. 그러나 인지는 불가능 하다. 결론적으로 영어 구조는 총 41개라는 것을 발견했다. 영어로 구사하는 구문은 총 41개라는 것이다. 이것이 영문법의 전부다.

41개만 잡으면 영문법은 끝난다.

이제 지금까지 배운 것을 바탕으로 영작을 마스터해 보자.

01. Running on the track, she looked at me.

02. This book is very easy to read.

03. He lived long to meet his 10th grandson.

04. We treated the boy with kindness.

05. He bought the old house to live in a quiet forest.

06. We go to the beach when it is hot.

07. However rich a man may be, he ought to work.

08. I have lost my way coming out of the wood.

09. Whenever I went there, I met him.

10. Do in Rome as the Romans do.

11. After I finished my homework, I went out for a walk.

12. As soon as I heard the fire bell, I ran out of the room.

13. She combed her hair at the table even though she knew I didn't like it.

14. He is so wise as to know it.

15. He is too idle to read many books.

16. This concert hall is big enough for your jazz band.

17. I would rather stay at home than go out with him.

18. The burden was so heavy that I could not lift it.

19. The flow of soul with you becomes an echo, knocking on the window.

20. Those last tears you showed are now flowing down on the window, Streaming in my veins.

21. Regrettably parting with dry lips I kiss a red wine that you loved more than me.

22. He can run again as fast as when he made the gold medal in the Rio 2016 Summer Olympic games.

제13장

영작은 식은 죽 먹기

시 한 편 감상하고 가자! 이순철님의 시다.

Love

Anything alive

Is lovely

Breathing

Singing

Dancing

With nature –

Without love

The world

Is an empty well.

머지않아 이와 같은 아름다운 시 한 편을 영작할 수 있는 실력을 갖게 될 것이다.

다음 4개의 그림 또는 도식을 유심히 살펴보고 서로 연결시켜 보자.

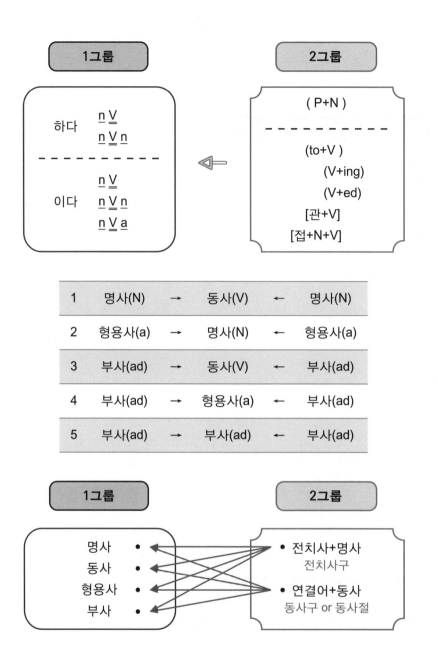

설명이 따로 필요 없을 것이다. 지금까지 배운 것이 총정리 되고 있을 줄 안다. 이제 지금까지 배운 것을 바탕으로 구문도해 틀을 사용한 영작법을 마스터 해보자.

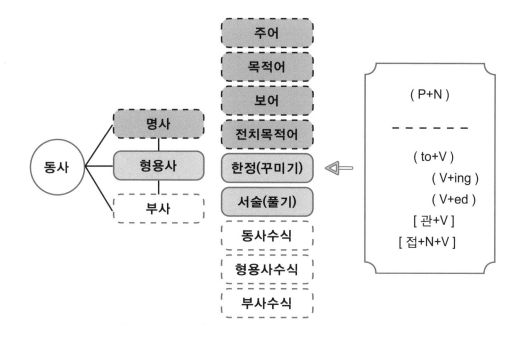

박기엽과 지만수는 '알기 쉬운 우리말 분석영어 (기초편)'에서 영작을 위한 획기적인 아이디어를 제공해 준다. 바로 아래 도식[1]이다.

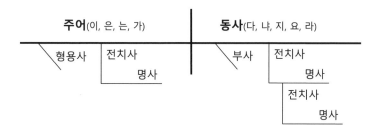

이런 식으로 구문도해 속에 배치 된 문장을 영어 어순으로 배열하면 다음과 같다는 것이다.

1 박기엽, 지만수, 앞의 책, 26-27쪽.

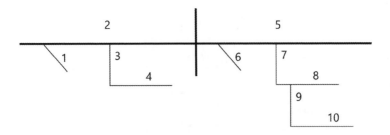

그러면 실제 예문을 확인해 보자.

• The big camel in the zoo will go back to the desert in Africa.

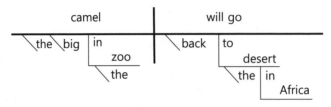

관사(a 또는 the)를 제외하고 나면, 앞선 도식의 번호 순서대로 배열 된 것을 확인할 수 있다.

그러면 다음과 같은 구문도해 속 어순 배열은 어떤지 살펴보자.

• He has run a very small restaurant on the beach for ten years.

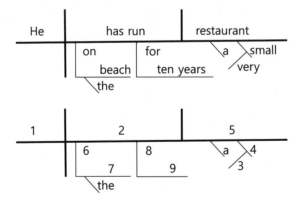

- This apple is ripe enough to eat.

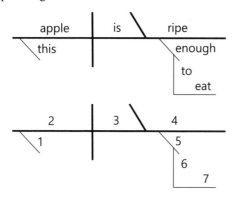

- The boy is very tall considering his age.

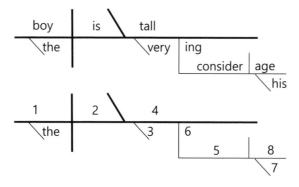

　방식이 전체적으로 유사한 것 같으면서도 조금씩 다르다. 부사 순서가 조금씩 다르고, To부정사구와 현재분사구(과건분사구)의 순서가 조금씩 다르다.

　다음 문장의 구문도해 속에서 전치사구와 동사구(To부정사구, 현재분사구, 과건분사구)의 배열순서를 확인해 보자.

- The white dog running fast along the beach crowded with tourists stopped suddenly in front of the boy to bark at him.

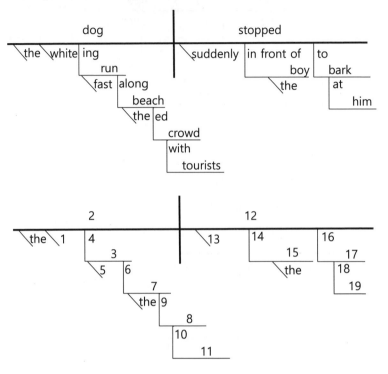

다음과 같이 정리해 볼 수 있다.

전치사	to	ing	ed
명사	동사원형	동사원형	동사원형
1	1	2	2
2	2	1	1

along	at	to	ing	ed
beach	him	bark	run	crowd
1	1	1	2	2
2	2	2	1	1

마지막으로 동사절(관계사절, 접속사절)의 어순 배열은 다음과 같다.

- The white dog running fast along the beach stopped suddenly as soon as she was looking at the boy.

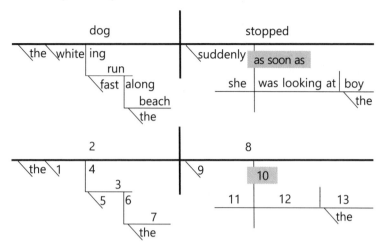

지금까지 몇 가지 예를 비교해가며 구문도해 속에 배치 된 영문의 어순 배열을 살펴보았다. 구문도해 된 문장구조의 큰 틀 속에서 거의 유사하게 배열 되며, 2그룹 언어재료 간에 약간의 차이가 있을 뿐임을 알았다. 이를 바탕으로 다음과 같은 큰 원리를 발견할 수 있다.

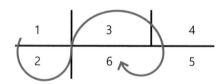

구문도해를 바탕으로 이 순서대로 쓰고, 말하고, 읽고, 들으면 된다.

구문도해 방법이 점점 익숙해지면 구문도해 한 결과물이 머리 속에 사진처럼 찍혀 버리는 것을 경험하게 될 것이다. 그렇게 되면 위의 순서대로 언어재료를 끄집어 내어 쓰거나 말하면 되는 것이다. 정확하게 쓰고 정확하게 말하게 될 것이다. 거꾸로 영문 읽거나 영어를 들을 때도 마찬가지다. 위 순서대로 읽으면 빨리 읽을 수 있게 될 것이며 위 순서대로 들으면 잘 들리게 될 것이다.

참고로, 2형식 문장을 표현하려면 아래와 같이 보어위치로 바꿔주면 되고 1형식 문장을 표현하려면 4번과 5번의 공간을 없애주면 된다.

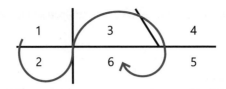

　그리고 좋은 영작을 위해서는 표현하고자 하는 문장이 먼저 한국어 문법에 잘 맞아야만 한다. 문법에 잘 맞는 한국어 문장을 완성했으면, 다음 예처럼 한국어 표현을 구문도해 구조 틀에 맞춰 채워 넣으면 된다.

- 관광객들로 붐비는 바닷가를 따라 빠르게 달리던 하얀 강아지가 그 소년 앞에서 그를 향해 짖으려고 갑자기 멈췄다.

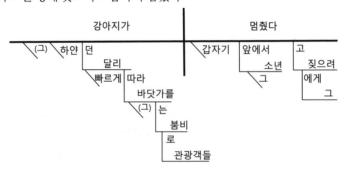

　이어서 한국어 표현을 각각 알맞은 영어 표현으로 바꾸어 준다.

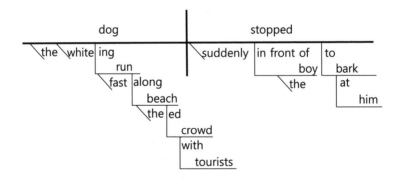

　그 다음 구문도해 속에 배치 된 영문을 아래와 같이 어순 배열을 따라 그대로 적어준다.

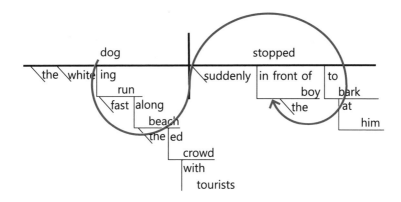

The white dog running fast along the beach crowded with tourists stopped suddenly in front of the boy to bark at him.

이제야 비로소 영작의 기본 원리가 완성된 것이다. 영작의 기본 원리는 다음과 같다.

① 한국어 문장을 1그룹과 2그룹으로 나눈다.
② 1그룹에서 동사의 종류(하다동사/이다동사)를 구별한다.
③ 2그룹에서 연결어 그룹(명사연결어/동사연결어)을 구별한다.
④ 구문도해 하여 2그룹을 1그룹에 결합시키고 영어로 바꾼다.
⑤ 아래와 같이 어순을 배열한다.

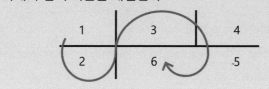

다음 우리말을 영작해 보자.

• 그는 그의 어린 아이들에게 여행을 더 재미있게 만들어주기 위해 그 도시의 이름을 비밀로 유지했다.
  ① 한국어를 1그룹(이탤릭체)과 2그룹(초록색)으로 나눈다.
    _그는_ (그의 어린 **아이들**에게) (여행을 더 재미있게 **만들어주기** 위해) (그 **도시**의) _이름을_ _비밀로_ _유지했다_.

② 1그룹에서 동사는 '하다동사(keep)'이다.

③ 2그룹에서 '아이들(children)'과 '도시(city)'는 명사연결어 그룹이고 '만들어주다(make)'는 동사연결어 그룹이다.

④ 구문도해 하여 아래와 같이 2그룹을 1그룹에 결합시키고 언어재료를 영어로 바꾼다.

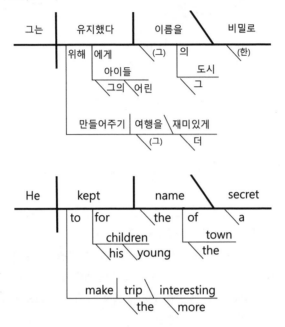

⑤ 아래와 같이 어순을 배열한다.

He kept the name of the town a secret to make the trip more interesting for his young children.

이제 '영작은 식은 죽 먹기'다.
다음 우리말을 영작해 보자.

- 그는 사랑 안에서 거룩하고 흠이 없게 하려고 세상의 창조 전에 그리스도 안에서 우리를 선택했다.
  <u>그는</u> (사랑 안에서) (거룩하고 흠이 없게 하려고) (세상의) (창조 전에) (그리스도 안에서) <u>우리를</u> <u>선택했다</u>.

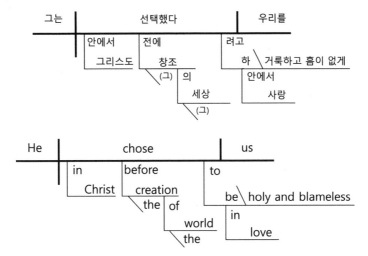

He chose us in Christ before the creation of the world to be holy and blameless in love.

• 내가 그에게 주는 물은 그 속에서 영원한 생명으로 솟아 오르는 샘물이 되리라. [내가 그에게 주는] 물은 (그 속에서) (영원한 생명으로) (솟아) (오르는) *샘물이 되리라*.

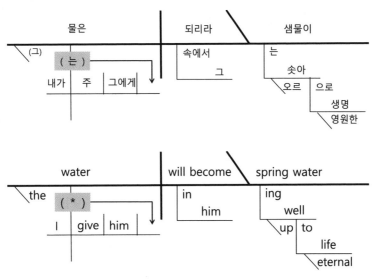

The water I give him will become in him spring water welling up to eternal life.

- 하나님께서 당신의 독생자를 주신 이유는 그를 믿는 자마다 멸망하지 않고 영생을 얻게 하려 하심이라

  [하나님께서 당신의 독생자를 주신 이유는] 《[그를 믿는 자마다] 멸망하지 않고 영생을 얻게 하려 하심》 _이라_

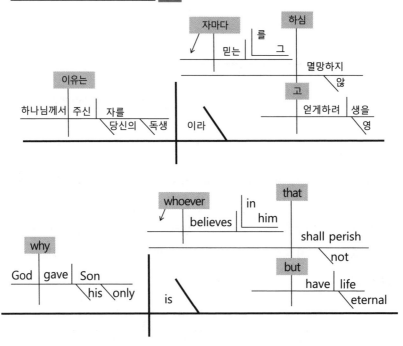

Why God gave his only Son is that whoever believes in him shall not perish but have eternal life.

- 하나님의 나라는 밭에 감춰진 보물 같다.

  (하나님의) _나라는_ (밭에) (감춰진) (보물 같) _다_.

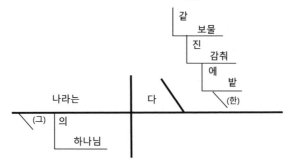

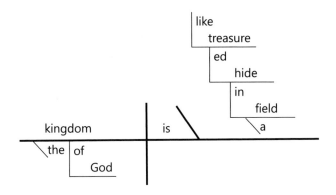

The kingdom of God is like treasure hidden in a field.

- 내가 복음을 부끄러워하지 아니하노니, 그것은 믿는 모든 자의 구원을 위한 하나님의 능력이기 때문이다.

  내가 복음을 *부끄러워하지 아니하노니*, [그것은 [믿는] (모든 자의) (구원을 위한) (하나님의) 능력 이기 때문이다].

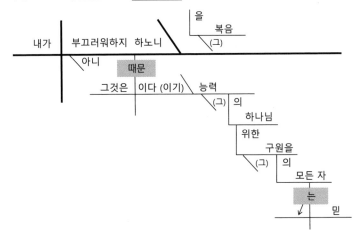

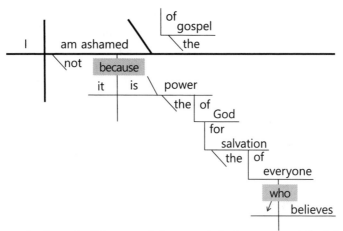

I am not ashamed of the gospel, because it is the power of God for the salvation of everyone who believes.

보라! 영작은 식은 죽 먹기보다 더 쉽다. 어떻게 영어를 틀릴 수 있단 말인가? 영어는 틀리는 게 기적이다. 영작! 이제 할 수 있다. 이것만은 꼭 기억하자!

〈영작의 기본 원리〉

① 한국어 문장을 1그룹과 2그룹으로 나눈다.
② 1그룹에서 동사의 종류(하다동사/이다동사)를 구별한다.
③ 2그룹에서 연결어 그룹(명사연결어/동사연결어)을 구별한다.
④ 구문도해 하여 2그룹을 1그룹에 결합시키고 영어로 바꾼다.
⑤ 아래와 같이 어순을 배열한다.

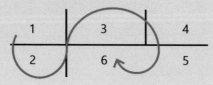

* **연습문제 13**: 다음 우리말을 '영작의 기본 원리'에 따라 영작하시오.

01. 사랑은 사람들의 마음을 여는 무기다.

02. 나는 나를 믿어주는 많은 친구들을 가지고 있다.

03. 그 노인은 그 전쟁 전에 그의 아들과 함께 그의 농장에서 행복한 삶을 살았다.

04. 50% 싸게 살 수 있기 때문에, 피터는 이 번 '블랙프라이데이'에 '베스트바이(Best Buy)'에서 현금으로 노트북을 사려 한다.

05. 존은 그의 약속을 지키기 위해 매주 금요일 퇴근 후 그의 아이들과 함께 맥도날드에 가야만 한다.

06. 그는 아파서 어제 그 모임에 결석했다.

07. 이 사람은 내 이름을 이방인들에게 전하기 위해 택한 나의 그릇이라

08. 그들은 최고의 친구가 될 것이기에, 그 상자 안에 있는 작은 양은 B-612로 알려진 행성에서 어린 왕자와 함께 살게 될 것이다.

09. 그 강아지는 거리를 가로질러 그 소년에게 짖으면서 빠르게 달려갔다.

10. 아기 새들은 엄마 새가 펼친 날개의 그늘 아래도 들어갔다.

11. 그들이 휴가 중일 때 그들의 아이들은 우리와 함께 있었다.

12. 책과 사진을 통해 우리는 다른 나라들에 대해 많이 배울 수 있다.

13. 그는 내 금시계 대신 그의 카메라를 주었다.

14. 그들이 우리편에 설 게 확실하다면, 그들은 우리를 지원해 줄 것이다.

15. 굶어 죽을지언정, 그에게는 도움을 요청하지 않을 거다.

지금까지 영문법 전체를 다루어 보았다. 구조 중심, 구문 중심으로 영문법을 역추적해 본 것이다. 문법을 위한 문법이 아니고 실제 영어를 위한 문법이다. 이것이 진짜 영문법 이고, 이것이 영어의 진짜 기초다.

영국이나 미국에서 생활하고, 공부하고, 과제를 제출하고, 시험을 보고, 논문을 쓰고 자 한다면 이 한 권이면 충분하다. 그럼에도 불구하고 더 많은 참고를 원한다면, 송성문 의 성문종합영어와 류진의 영어구문론과 박기엽의 우리말분석영어를 꼭 참고하길 바 란다. 무엇보다도 김준기의 상황영어를 자세히 살펴볼 것을 추천한다.

마지막으로 사랑에 관한 시 한 편 더 감상해 보며 마친다.

Love

Apostle Paul

Love is patient,
Love is kind.
It does not envy,
It does not boast,
It is not proud.

It is not rude,
It is not self-seeking,
It is not easily angered,
It keeps no record of wrongs.

Love does not delight in evil
But rejoices with the truth.

It always protects,
Always trusts,
Always hopes,
Always perseveres.

|참고 문헌|

김준기.『상황영어』. (서울: 상황영어연구원), 2003.

대한성서공회 편.『성경전서(개역개정판)』. (서울: 두란노서원), 2016.

로고스 편찬위원회 편.『스트롱코드 히브리어·헬라어 사전』. (서울: 로고스), 2011.

류진.『구문도해 영어구문론』. (서울: 백만사), 1995.

류진.『구문도해 기초 영어구문론』. (서울: 백만사), 2012.

박기엽.『알기 쉬운 우리말 분석영어』. (서울: 지식산업사), 1994.

박기엽, 지만수.『알기쉬운 우리말 분석영어 (기초편)』. (서울: 지식산업사), 2001.

박기엽.『우리말 분석영어 (영문분석편I)』. (서울: 지식산업사), 1997.

송성문.『성문종합영어』. (서울: 성문출판사), 2002.

이기동.『영어 동사의 문법』. (서울: 신아사), 1992.

이기동.『영어 전치사 연구 (의미와 용법)』. (서울: 교문사), 1995.

Biblica, Inc.. *The Holy Bible, New International Version, NIV*. Biblica, Inc., 2011.

Collins, Jim. *Good to Great*. New York, NY: HarperCollins Publishers Inc., 2001.

Lee, Soon Chul. *The Fifth Wheel*. Monterey, CA: Whys World Publications, 1994.

Leonhardt, David. "Why Doctors So Often Get It Wrong." The New York Times. 2020년3월 23일 접속. https://www.nytimes.com/2006/02/22/business/why-doctors-so-often-get-it-wrong.html.

Pyles, Thomas., 박의재 역.『영어의 발달사』. (서울: 한신문화사), 1996.

The United States Constitution. "Rights of Persons." Amendment 5. 2020년 3월 23일 접속. https://constitutionus.com/.

|이미지 출처|

1 / 07p - https://www.flickr.com/photos/30478819@N08/44005311920

2 / 08p - https://pixabay.com/images/id-4938475/

3 / 56p - https://pixabay.com/images/id-4855963/

4 / 56p - https://pixabay.com/images/id-593300/

5 / 57p - https://pixabay.com/images/id-3765909/

6 / 68p - https://pixabay.com/images/id-534357/

7 / 69p - https://pixabay.com/images/id-2434199/

8 / 69p - https://pixabay.com/images/id-689609/

9 / 138p - https://pixabay.com/images/id-463380/